SE S[illegible] NON È UNA PAROLACCIA MA RELAZIONE SPESSO LO È

GARY M. DOUGLAS

DR. DAIN HEER

Sex Is Not A Four Letter World But Relationship Often Times Is

Access Consciousness Publishing

Sesso Non È Una Parolaccia Ma Relazione Spesso Lo È

ISBN: 978-1-63493-331-5
Access Consciousness Publishing

L'autore e l'editore del libro non avanzano alcuna pretesa o garanziaper qualsiasi risultato fisico, mentale, emozionale, spirituale e finanziario. Tutti i prodotti, i servizi e le informazioni fornite dall'autore sono per fini generali di istruzione e divertimento. Le informazioni fornite nel presente documento non sostituiscono in alcun modo il consulto medico o di altri professionisti. Nel caso in cui si utilizzi una qualsiasi delle informazioni contenute in questo libro, l'autore e l'editore non si assumono alcuna responsabilità per le vostre azioni.

INDICE

Gary Douglas

Mi chiamo Gary Douglas e sono il fondatore di Access, un sistema di trasformazione dell'energia che fornisce alle persone degli strumenti per rimuovere limitazioni e incapacità e per creare nuove, sorprendenti e meravigliose possibilità nella loro vita.

Ho iniziato a esplorare la consapevolezza, l'energia e altri aspetti di questo strambo, folle e stravagante mondo nel 1990, dopo essermi reso conto di non essere felice della mia vita. Avevo macchine, case, successo ed ero al punto in cui nulla di tutto questo significava qualcosa per me. Tutto ciò che era considerato prezioso in questa realtà, io ce l'avevo, e non era ancora abbastanza.

La vita, così come la stavo vivendo, era un duro lavoro, un grande sforzo, tanti traumi, drammi, sconvolgimenti e intrighi, e non molta gioia. Sapevo che doveva esserci di più nella vita, altrimenti non c'era motivo di essere vivi. Doveva esserci qualcosa di più di quello che questa realtà offriva, perché in essa non c'era nulla di magico, gioioso o espansivo.

Ho iniziato a cercare alcune risposte e questo mi ha portato su alcuni percorsi piuttosto interessanti. Ho iniziato pensando di voler sapere come trovare la magia nella mia vita. All'epoca non mi rendevo conto che la magia ci circonda; è qualcosa che creiamo. Anche se si erano mostrate alcune cose straordinarie nella mia vita, bum-bum-bum – una dopo l'altra, appena le avevo chieste, non avevo compreso la magia che avevo creato.

Da quel momento, ho imparato a pensare in modo diverso all'universo, alla consapevolezza e al tutt'uno *(oneness)* che tutti noi siamo, e alla magia che ne è parte intrinseca. In tal modo, sono stato in grado di apportare enormi cambiamenti alla mia vita e aiutare anche altre persone a fare dei cambiamenti nella loro.

Da bambino le persone mi chiedevano: "Cosa vuoi fare da grande?"

Rispondevo: "Voglio essere felice".

E loro: "No, no, no, figliolo. Cosa vuoi fare da grande?"

"Essere felice".

"No, no. Vuoi essere un medico, un avvocato o un capo indiano?"

"Sì, finché sarò felice".

In queste pagine, il mio amico e coautore, Dain Heer, ed io condividiamo processi e strumenti che mettono a portata di mano la magia della felicità, così come qualsiasi altra cosa tu voglia creare. Il nostro seminario di Access sulla Magia, che abbiamo insegnato nelle città degli Stati Uniti e in Costa Rica, Nuova Zelanda e Australia, costituisce la base di questo libro. Ora, con una comprensione della vera magia della vita, la felicità è reale.

DR. DAIN HEER

Mi chiamo Dain Heer. Prima di scoprire Access, dall'esterno, avrei potuto sembrare di successo, ma dentro di me ero molto scontento di me stesso e della mia vita. Vivevo con la mia ragazza e lavoravo come chiropratico in una piccola comunità sulla spiaggia vicino a Santa Barbara. C'erano persone che avrebbero guardato la mia vita e detto che era perfetta, eppure ero così intensamente infelice, che ogni mattina, dopo che la mia ragazza era uscita per andare al lavoro, mi sdraiavo sul letto e piangevo. Non avevo idea di come far funzionare la mia vita o creare e realizzare i sogni che avevo da una vita.

Avevo provato circa una ventina o trentina di processi e sistemi per migliorare la mia vita, e uno di loro avrebbe dovuto senz'altro far funzionare la mia vita, ma continuavo ad andare a sbattere contro un muro di mattoni e iniziavo a sentirmi disperato. Sapevo che doveva esserci una risposta, ma non avevo idea di dove trovarla e alla fine il suicidio sembrava la migliore opzione che avevo a disposizione. Un giorno, disperato, dissi: "Senti, universo, hai sei mesi o mi uccido". Ero stanco di lottare.

Una settimana dopo, nel settimanale, vidi un piccolo annuncio che diceva: "Access. Tutta la vita mi viene con facilità, gioia e gloria. Chiama Shannon."

Mi dissi: "Facilità, gioia e gloria? Pollyanna ha messo un c---o di annuncio pubblicitario sul giornale. Va-------o!" E buttai il giornale.

La settimana dopo vidi lo stesso annuncio: "Access. Tutta la vita mi viene con facilità, gioia e gloria. Chiama Shannon."

Quella volta il giornale non lo buttai; telefonai a Shannon e le chiesi: "Che cosa fai?"

Mi rispose, “Oh, faccio questa cosa che si chiama Access. Ti metto le mani sulla testa. È un processo che si chiama i Bars. Dura da un’ora a un’ora e mezza; nel peggiore dei casi, ti sentirai come se avessi ricevuto un bel massaggio e, nel migliore dei casi, tutta la tua vita cambierà”.

Nella mia testa mi dissi, “È meglio che la mia vita cambi o mi uccido, c---o.” Ero scettico, ma decisi di provare. Shannon venne nel mio ufficio e iniziò i Bars. Nel momento in cui mi mise le mani sulla testa, iniziai a ridacchiare come un bambino, e ho continuato a ridacchiare come un bambino per tutta la durata della sessione — un’ora e quindici minuti. Dopo la sessione, per la prima volta in due anni e mezzo, sperimentai un senso di pace. Mi alzai dal lettino da massaggio e, ricordo che, per la prima volta nella mia vita, riconobbi veramente che tutto andava bene, tutto era sempre andato bene e tutto sarebbe sempre andato bene.

Quella sessione mi ha salvato la vita. Iniziai a lavorare con Shannon una volta a settimana, e ogni volta che lavoravo con lei, la mia vita cambiava, riuscivo a vederlo. Iniziai a svegliarmi la mattina con un senso di gioia e possibilità invece di dire: “Cavolo, non vedo l’ora di andarmene da questo pianeta.”

Access è stato un dono incredibile per me, e utilizzando i suoi processi e strumenti, nella mia vita si è mostrata la magia. Ora chiedo le cose e si mostrano, ma la vera magia è nella capacità di avere la gioia che è possibile, la gioia che può essere creata, la gioia che la vita può essere.

E sì, la magia riguarda il divertimento di vedere manifestarsi nella tua vita tutte le cose che desideri, ma in un senso molto più ampio, la magia è una consapevolezza che non va vissuta come un’aggiunta alla tua vita o al posto della tua vita: la magia è la consapevolezza come la tua vita. Non si tratta di meditare in una grotta, lontano dalla vita, per avere consapevolezza. Devi funzionare dalla consapevolezza in ogni istante della tua vita. Quando lo fai, la tua vita diventa veramente magica e non c’è niente che non puoi creare. Questa è la bellezza della magia.

In questo libro, condivideremo molte delle cose che abbiamo imparato sulla magia: strumenti, processi e possibilità che si possono usare per funzionare dalla consapevolezza in ogni istante della tua vita, quando ti svegli, respiri o quando vivi un momento intenso su questo pianeta.

INTRODUZIONE

Questo libro, che parla di sesso e relazioni, è un invito ad avere più consapevolezza e maggiori possibilità e offre una nuova visione del modo in cui creare una relazione. Ci auguriamo che quello che abbiamo scritto ti faccia esplodere la testa e ti spinga a farti molte domande e a dire: "Che cagate! Come potete dire queste cose?"

Tutto, in questo libro, mira a portarti ad avere una visione di te e delle tue relazioni da un'altra prospettiva, in modo che tu possa avere una possibilità diversa e una scelta diversa.

Alcune delle cose di cui parleremo saranno in contraddizione con tutte le tue idee su come dovrebbero andare le cose. Può darsi che lanceremo una sfida a tutto quello che ti è stato detto in qualunque corso o seminario sul sesso e sulle relazioni che hai frequentato finora; una sfida a tutto quello che hai letto in proposito e a tutto quello che hai sentito dire da coloro che si fanno chiamare esperti. Se tutte le cose che ti hanno detto funzionassero veramente, le tue relazioni non sarebbero più libere, più gioiose ed espansive già da tanto tempo? Magari, imparare a farsi domande su quello che non funziona potrebbe aprire nuove strade per trovare qualcosa che invece funzioni. Dopotutto, se quello che ti è stato insegnato funzionasse, non avresti già avuto dei risultati incredibili?

Parlando in termini convenzionali, avere successo in una relazione spesso significa sposarsi, avere dei figli e fare in modo che quel matrimonio stia in piedi finché "morte non vi separi". Il nostro punto di vista è diverso. Noi crediamo che la parte più importante in una relazione di successo sia avere una vera intimità con se stessi, poiché se hai una vera intimità con te stesso, allora potrai stare da solo, essere felice e non giudicare te stesso dandoti della zitella, dello scapolone o della checca. Potrai stare con te stesso e stare bene, il che è davvero quello a cui tutti dovremmo arrivare. Quante persone conosci che stanno bene con se stesse? Secondo noi, solo dopo che avrai stabilito una relazione intima con te stesso potrai veramente creare una relazione grandiosa con qualcun altro.

In questo libro parliamo dei cinque elementi che servono per creare un' intimità grandiosa e offriamo tanti altri punti di vista sul sesso e sulla natura delle relazioni. Ci auguriamo che utilizzerai queste informazioni per creare delle relazioni straordinarie, che siano sempre più frizzanti, piene di energia e vitalità, e una vita sessuale che sia diversa da qualsiasi cosa tu abbia mai sperimentato prima!

Per iniziare, ecco alcune domande da prendere in considerazione:

- Quali sono le domande che devi fare per creare la relazione che desideri?
- Che cosa ci vorrebbe perché una relazione funzionasse *per te* e non per qualcun altro?
- Che cosa ci vorrebbe per sentire che ti stai espandendo nella relazione?
- Che cosa ci vorrebbe per percepire le possibilità e non le limitazioni?
- Che cosa ci vorrebbe per smettere di giudicare te stesso e il tuo partner e riconoscere che hai una scelta diversa?

È UNA RELAZIONE QUELLO CHE VUOI VERAMENTE?

È una relazione quello che vuoi veramente? Personalmente non sono interessato alle relazioni, sono interessato alla consapevolezza e alla comunione. Con comunione non intendo l'ostia e il vino che prendiamo in chiesa la domenica, ma l'essere consapevoli di ogni cosa e l'essere connessi con il tutt'uno (*oneness*), che tutti noi siamo. Quando parlo di comunione, mi riferisco all'essere in comunione con tutte le cose e, cosa ancora più importante, all'essere in comunione con te stesso e con il tuo corpo. Non puoi iniziare una relazione con qualcun altro finché non sei in comunione con te stesso e per essere in comunione con te stesso, devi essere consapevole.

La Consapevolezza Include La *Sexualness* *(vedi pag. 23)*?

Consapevolezza e spiritualità non si escludono a vicenda, ma non sono neanche la stessa cosa. Molte persone sono spirituali, ma il loro approccio parte dal punto di vista: "Io ho ragione e tu hai torto". E in questi casi la spiritualità diventa un'altra forma di religione e crea separazione, piuttosto che comunione. Il problema con molte forme di ricerca spirituale è che sono dannatamente giudicanti. La consapevolezza, a differenza di questo genere di spiritualità, include tutto e non giudica niente.

La consapevolezza include la spiritualità? Include la *sexualness*? Sì. Il problema nel giudicare è che ogni volta che esprimi un giudizio escludi la possibilità di ricevere qualsiasi cosa non corrisponda a quel giudizio. Per esempio, se decidi che il tuo partner è l'uomo perfetto, poi non sei disposto a vedere quando fa qualcosa contro di te. Quando stabilisci che il tuo partner è perfetto, smetti di percepire; riesci a vedere come funziona? Decidi che è perfetto e quindi non vorrai vedere nient'altro e non potrai percepire o ricevere nessun'altra informazione. Non vedrai i modi in cui non contribuisce a rendere la tua vita più espansiva e non vedrai quando fa qualcosa contro di te. Smetti di essere presente nella relazione come l'essere infinito e dal sapere illimitato che sei veramente e inizi a escludere *te* dalla relazione.

Se hai delle limitazioni o delle difficoltà nella tua vita nell'ambito del sesso, delle relazioni o di qualsiasi altra cosa, c'è qualcosa che non sei disposto a percepire. Infatti, se qualcosa nella tua vita non funziona è perché non sei disposto a percepire, sapere, essere o ricevere qualcosa. È in questo modo che le nostre relazioni diventano piene di limiti e infelici. In effetti, questo è l'unico modo in cui la nostra realtà diventa limitata.

Quando cammini in un bosco e sei privo di giudizio su qualunque cosa, la tua mente è in uno stato di quiete. Tutto è tranquillo e c'è un senso di bellezza. Sei in totale connessione con tutto. Lo spazio che senti quando sei immerso nella natura è la comunione che hai con tutte le cose: questo spazio è consapevolezza e *oneness*.

Noi siamo tutto. Non c'è niente che non siamo stati o che non abbiamo fatto in una qualsiasi altra vita. Se potessimo affermare di avere una parte cosiddetta diabolica tanto facilmente quanto possiamo asserire di avere una parte buona, allora non trascorreremmo tutto il nostro tempo cercando di giudicare che cosa è giusto o sbagliato in noi, ma ci muoveremmo verso uno spazio di *oneness* e consapevolezza.

Quello che cerchiamo è il modo per arrivare a essere *oneness* nel sesso, nella relazione e nell'amplesso. Se sarai capace di farlo senza giudicare, sarai libero. Al contrario, più giudicherai, meno libertà avrai. Quando reprimi te stesso giudicandoti cattivo o altro, crei una limitazione che alla fine ti esclude da te stesso.

Un mio amico ha frequentato un seminario di psicologia nel quale il professore diceva agli studenti che il 90% della popolazione preferisce avere una relazione che va male piuttosto che non averla affatto. Molte persone, piuttosto che stare da sole e divertirsi, preferiscono avere un partner con cui sono infelici, perché in questo modo hanno *qualcuno*.

Questo ti basta? Se è così, allora butta via questo libro.

Se invece ti piacerebbe avere qualcosa di più grande nella tua vita delle stronzate che la maggior parte delle persone pensa a proposito delle relazioni, allora dovrai iniziare a sviluppare un atteggiamento più consapevole verso te stesso e il tuo corpo e verso il sesso e la comunione con gli altri. Come ho detto all'inizio, quello che cerchiamo non è una relazione, ma la comunione, la consapevolezza e la *oneness*. Se questo ti sembra interessante, continua a leggere.

SEI UN UMANO O UN UMANOIDE?

Una delle cose più inaspettate che abbiamo scoperto con Access, è che ci sono due specie di esseri su questo pianeta: gli umani e gli umanoidi.

Gli umani vivono giudicando chiunque e pensano che nella vita le cose vadano in un unico modo. Per loro non va mai bene nulla e non si scomodano neanche a pensare che esista un'altra possibilità.

Gli umanoidi, invece, sono alla ricerca di altre possibilità per migliorare le cose. Se inventi continuamente qualcosa di nuovo, se vai alla ricerca di cose nuove, se sei sempre alla ricerca di un modo migliore e più grande per creare qualcosa, allora sei un umanoide e non un umano. Gli umanoidi sono coloro che creano il cambiamento. Creano invenzioni, musica e poesia. Creano tutto ciò che deriva dalla mancanza di soddisfazione dello *status quo*.

Gli Umanoidi Giudicano Se Stessi

Una delle cose più importanti da sapere a proposito degli umanoidi è che giudicano se stessi. Pensano che ci sia qualcosa di sbagliato in loro perché non sono come tutti gli altri. Si chiedono: "Cosa c'è che non va in me? Per quale motivo non faccio la cosa giusta?" Si chiedono perché non riescono ad avere quello che hanno gli altri o fare quello che fanno gli altri. Quando qualcuno dice loro delle menzogne o fa qualcosa di scorretto nei loro confronti, gli umanoidi rigirano le cose e cercano di capire cos'hanno fatto di sbagliato. Considerano se stessi quelli in errore e gli altri le persone corrette.

Un mio amico umanoide aveva da tempo una relazione con una donna. Un giorno gli dissi: "Lei ti sta tradendo. Lo so. Ti sta mentendo".

E lui: "Non è così, non farebbe mai una cosa del genere, è la mia migliore amica".

Allora gli chiesi: "Potresti affrontare questo discorso con lei?"

Lui allora le telefonò e le riferì quanto gli avevo detto. Lei si arrabbiò tantissimo e a quel punto lui reagì giudicandosi come un essere orribile per averle chiesto una cosa del genere.

Volete sapere quante settimane gli ci vollero prima di scoprire che era vero? Sei settimane! E la cosa peggiore è che aveva negato a se stesso di saperlo. Disse che scoprirlo era stato come essere investito da un camion che gli era passato sopra, si era fermato e gli era passato sopra di nuovo.

"Questo È Quanto"

Il mio patrigno, che era decisamente un umano, ebbe un infarto. Quando parlai con lui, gli chiesi: "Papà, com'è stato aver avuto un infarto?"

Nessuno gli aveva fatto questa domanda. Lui rispose: "Be', ricordo di aver avuto un infarto e che stavo in piedi fuori dal mio corpo mentre osservavo..." Perse il filo e ricominciò. "Be', ho avuto un infarto e poi ho visto che mi mettevano degli elettrodi sul petto..." Si fermò di nuovo a metà frase, aspettò un momento e poi ricominciò di nuovo. Alla fine, disse: "Be', ho avuto un infarto, mi hanno messo degli elettrodi sul petto e poi mi hanno dato una scarica elettrica".

Non poteva concepire una realtà nella quale fosse fuori dal suo corpo e vedesse accadere tutte quelle cose. Questo è un grande esempio di quello che succede quando le persone non possono ricevere quello che non si adatta ai loro giudizi della realtà. Per lui la realtà è che stiamo in un corpo e questo è quanto. Un umano non potrà mai avere qualcosa che non corrisponda al punto di vista, "questo è quanto". Gli umani sono quelle persone che non credono nella reincarnazione, non credono in altre possibilità, non credono nei miracoli. Secondo loro, i dottori, gli avvocati e i capi indiani creano qualsiasi cosa. Gli umani non creano nulla. Faranno la stessa cosa più e più volte, e qualche volta anche in modo appropriato ed efficace, ma non la faranno mai in modo diverso.

Il 47% della popolazione è composta da umanoidi e sono loro che creano tutti i cambiamenti in questa realtà. Il 52% è composta da umani (E il rimanente 1%? Un giorno ve ne parlerò). Gli umani vogliono che le cose rimangano come sono e che non cambino mai. Sei mai stato a casa di qualcuno che in trent'anni non ha mai cambiato l'arredamento? Umani.

Gli umani continuano a vivere nello stesso quartiere fino a quando non diventa malfamato e, piuttosto che trasferirsi, mettono le sbarre alle finestre in modo da tenere gli *avanzi di galera* fuori dalle loro case. Ma chi si ritrova dietro le sbarre? Scusa, ma a questo punto ti sei messo in galera da solo! Gli umani sono gli imprenditori che scavano terreni, strappando piante e alberi in modo da costruirci delle case. Distruggono tutto allo scopo di creare. "Così deve andare", dicono. "Distruggeremo tutto e andrà bene così." Gli umani giudicano gli altri semplicemente perché nella loro vita tutto riguarda il giudizio, le decisioni, lo sforzo e la fatica. Per loro è l'unico modo per creare.

Pensa a qualcuno che sai che è un umano; percepisci la sua consapevolezza. Adesso percepisci la consapevolezza di una roccia. Quale delle due è più leggera? Quella della roccia? Ok, c'è più consapevolezza in una roccia. Allora per quale ragione frequentiamo gli umani? Tutti noi abbiamo degli amici e dei familiari umani, ma loro se ne stanno lì a giudicarci e ci dicono che tutto quello che facciamo è sbagliato.

Umani E Umanoidi: Sesso E Relazioni

Il punto di vista degli umani è che il sesso serva per procreare: dovresti avere due bambini, dopodiché non dovresti più fare sesso. Il punto di vista degli umanoidi è che il sesso sia divertimento. Quindi, se sei un umanoide, farai sesso per gioco, a meno che, facendolo, tu non ti diverta così tanto da giudicarti negativamente, prima o poi.

È chiaro che come umanoide avrai bisogno di un partner umanoide, ma una delle maggiori difficoltà nel creare delle relazioni espansive è che gli umanoidi sono attratti dagli umani. Non devi scegliere un partner umano, ma potresti sentirti spinto a farlo. Se lo fai, avrai un partner che ti giudicherà continuamente e ti dirà che tutto quello che fai è sbagliato. Se giudichi te stesso e l'altra persona ti giudica, sarà difficile per te mostrarti per quello che sei veramente nella relazione. Tutti i giudizi fanno sì che inizi a divorziare da te stesso e quindi non riuscirai essere veramente presente nella relazione.

Gli umanoidi si chiedono continuamente perché non riescano semplicemente a essere soddisfatti di come stanno le cose e perché per loro non sia facile avere relazioni monogame. Se "tradiscono" i loro partner, si ricoprono di una marea di giudizi orrendi. Quando invece è un umano a tradire, semplicemente dirà: "Mi hai spinto tu a farlo".

"Be', Se Hai La Televisione..."

Per noi umanoidi è un grande sollievo sapere che saremo sempre giudicati e che non ci adatteremo mai. Cerchiamo disperatamente di farlo, ma non riusciamo a essere come gli umani. Tutti nella nostra famiglia ci dicono: "Be', se hai la televisione, un'auto nuova e un lavoro fisso, non puoi che stare bene".

L'idea di mettere in risalto questa distinzione tra umani e umanoidi non ha lo scopo di giudicare gli umani. Serve a essere consapevoli di come noi umanoidi giudichiamo noi stessi. Guardiamo gli umani e diciamo: "Perché non posso essere come loro? Ottengono le cose con una tale semplicità!" Per gli umani la vita è semplice perché è suddivisa in categorie.

Gli umanoidi si chiederanno sempre: "Che cosa c'è di sbagliato in me per cui non posso essere come gli altri? Che cosa c'è di sbagliato in me per cui non posso sentirmi soddisfatto con poco? Che cosa c'è che non va in me?" E creeranno una serie infinita di giudizi su se stessi.

Tutti quei giudizi che hai formulato su te stesso perché sei un umanoide, puoi distruggerli e screarli, per favore?

CHE COS'È STARE NEL CORPO (EMBODIMENT)?

Molti insegnamenti spirituali, molte chiese e religioni, parlano del corpo come di una cosa negativa. Insegnano che cosa sono i peccati della carne e considerano l'*embodiment* una circostanza negativa. Ma se avere un corpo è qualcosa di così negativo, perché ci teniamo tanto? Abbiamo scelte illimitate nell'universo, se ci teniamo così tanto, un motivo ci sarà!

Ci dev'essere qualcosa di grande nell'*embodiment* che non riusciamo ancora a riconoscere, motivo per cui continuiamo a incarnarci, come se pensassimo di poter creare qualcosa di diverso. Fino a quando non vedrai l'*embodiment* come l'espressione di gioia di te stesso come essere infinito e fino a quando non sarai capace di entrare nella grandiosità di ciò che l'*embodiment* è, non sarai libero dal tornare continuamente sulla Terra.

Guarda i gatti. I gatti amano il loro corpo, fanno salti mortali all'indietro con esuberanza, e corrono per la gioia di correre. Quando mangiano, mangiano con gusto. Non mangiano perché sono obbligati o perché è l'occasione per parlare con qualcuno, né interrompono la loro cena per parlare con qualcuno. I gatti sono in totale comunione con i loro corpi; tra loro e i loro corpi non c'è alcun senso di separazione. Quando camminano, usano ogni muscolo; è così che fanno gli animali. E noi, quando camminiamo, utilizziamo ogni muscolo del nostro corpo o camminiamo, come la maggior parte delle persone, dal ginocchio in giù, come quei pupazzi caricati a molla? Come pensi che sarebbe se non avessimo questo senso di separazione dal nostro corpo?

Un mio amico diceva di non essere molto atletico e di non essere uno che fa molto sport, ma l'ho visto andare a correre e, al suo ritorno, le sue braccia erano grandi il doppio di prima e non perché avesse fatto delle flessioni o perché avesse fatto lavorare quei muscoli in particolare, ma semplicemente perché il suo corpo ama il movimento. Quando corre, corre! Non corre in modo artificioso. Non fa finta di correre per la sua salute, ma lo fa per la pura gioia di muoversi. Quando va a correre, tutti i muscoli del suo corpo si muovono. Quando il suo corpo prova la gioia di muoversi, per lui la vita diventa esuberante. Sfortunatamente, la maggior parte di noi non prova gioia nel muovere il proprio corpo. Lo spingiamo a esercitarsi, lo forziamo ad andare in palestra, ma non gli chiediamo mai che cosa vorrebbe mangiare o che cosa lo farebbe stare magnificamente.

Ho un altro amico che può fare sesso tutta la notte e lavorare tutto il giorno poi fare sesso la notte successiva, per tutta la notte, e lavorare il giorno successivo e dormire forse quattro ore in tutto. Non perde mai energia. Il suo corpo è una gioia per lui. È una delle poche persone che abbia mai conosciuto che sa ricevere un piacere così grande attraverso il suo corpo. La maggior parte delle persone che fa sesso tutta la notte è stanca il giorno successivo e vuole dormire. Lui no, ha tutto l'entusiasmo e la prontezza per fare di più. Se consideriamo questo come una reale possibilità, cosa possiamo generare con i nostri corpi?

Ho lavorato con una signora che era venuta da me per problemi di peso, allora le dissi: "Parla al tuo corpo, chiedigli cosa lo farebbe sentire bene e ogni giorno fai qualcosa che lo nutra".

Lei si ricordò che, quando era piccola, sua madre, ogni sera dopo il bagno, le metteva il talco sul corpo. Quando se ne andò, comprò del talco profumato e iniziò a passarlo con cura su tutto il corpo, ogni sera. Fece sentire il suo corpo amorevolmente soffice, nutrito e onorato, e in sei settimane perse undici chili.

Voglio incoraggiarti a sperimentare la grandiosità dell'*embodiment*. Si tratta di imparare a onorare il corpo e averne cura e riconoscere che vuole solo servirti. Vuole rendere la tua vita grandiosa. Il punto di vista qui non è che tu sei al comando e quindi devi forzarlo. Assolutamente no. Il tuo corpo farà qualsiasi cosa tu voglia, devi solo chiedere. Ma se guardandolo allo specchio giudichi quanto sia grasso, brutto e flaccido, questo sarà quello continuerai ad avere. Se invece ti metti davanti allo specchio e coccoli il tuo corpo e gli dici quanto sia fantastico, sarà capace di dimostrarti cose stupefacenti. Dovremmo essere presenti al nostro corpo, ma la maggior parte di noi non chiede mai al proprio corpo cosa gli piacerebbe.

Come sarebbe se potessimo sbloccare ciò che non ci permette di ricevere la gioia dell'*embodiment*? Come sarebbe se potessimo essere in comunione con i nostri corpi e amarli veramente e goderceli? Come sarebbe se potessimo avere la completa esuberanza dei nostri corpi ed essere disposti a sentirne ogni singola parte? Come sarebbe se potessimo vivere le nostre vite come l'esperienza orgasmica che la vita può essere? Forse potrebbe mostrarsi una realtà diversa qui sulla Terra!

QUALI SONO GLI ELEMENTI CHE DEFINISCONO IL SESSO?

I cinque elementi del sesso sono: sensualità, sesso, amplesso, *sexualness*, sessualità.

Sensualità

La sensualità ha a che fare con quello che piace al corpo: la sensazione di essere accarezzato, sentire il sole sulla pelle o scivolare in un letto caldo; il profumo del tuo fiore preferito o essere tra le braccia di qualcuno che ti ama.

Sesso

Il sesso è quando ti senti bene, hai un bell'aspetto, cammini a testa alta, sei orgoglioso della tua *mercanzia* e tutti quanti lo riconoscono.

Amplesso

L'amplesso è mettere insieme le parti del corpo.

Sexualness

La *sexualness* è l'energia creativa della vita sulla Terra; esiste in ogni cosa. La *sexualness* ha a che fare con il ricevere su questo pianeta. È il modo in cui siamo in comunione con tutte le cose e riceviamo da tutte le cose, ovunque, senza nessun giudizio. Questa è l'idea generale.

Sessualità

Con la sessualità, invece, c'è sempre un giudizio, perché la sessualità si riferisce a una norma che diventa la fonte di divisioni e separazioni. Con la sessualità emettiamo giudizi e creiamo metodi per distruggere noi stessi, la nostra vita e la nostra realtà.

Per esempio, io voglio avere la capacità di apprezzare la *sexualness* dei miei amici maschi tanto quanto quella delle mie amiche femmine, di un gatto e degli alberi. Con la sessualità, invece di accogliere la *sexualness* di tutti, pensiamo: "Non è appropriato che io veda l'energia sessuale in mia figlia, vorrebbe dire che ho cattivi pensieri". No. Sarebbe meglio che tu fossi capace di vedere quello che tua figlia potrà fare, altrimenti lo farà quando non vuoi che lo faccia. Sarebbe meglio che tu fossi disposto a riconoscere quello che succede. Devi essere capace di vedere il dono che ogni persona è, senza avere giudizi sulla sessualità.

Una volta ho lavorato con un uomo che aveva un negozio di abbigliamento nel quartiere gay della città. Aveva delle difficoltà nella sua attività commerciale e mi chiese di vedere qual fosse il problema. Esaminammo ogni piccolo particolare e sembrava fosse tutto a posto, poi gli chiesi com'erano i suoi clienti e lui mi rispose: "Be', sono dei buoni clienti, solo che odio quando *quelle persone* entrano in negozio".

Gli chiesi: "Chi sono *quelle persone*?"

Lui: "Lo sai, no? Le checche!"

Chiesi ancora: "Perché odi che entrino nel tuo negozio?"

E lui: "Perché ci provano con me".

Io: "Non flirti con le donne quando sei in pubblico?"

E lui: "Non quando c'è mia moglie in giro".

Io: " Allora flirti con loro, giusto? E significa che intendi andarci a letto?"

E lui: "Be', no, non tradirei mai mia moglie".

"Quei tipi flirtano con te, ma tu non vuoi ricevere la loro energia. Se non sei in grado di ricevere la loro energia non puoi ricevere neanche i loro soldi. In questo modo li allontani dal tuo negozio. Devi essere disposto a ricevere la loro energia e a restituirla. Devi imparare come flirtare con loro. E non significa che devi andarci a letto, non sto parlando di questo."

Le persone misidentificano la *sexualness* pensando che significhi avere un rapporto sessuale. Be', non faccio sesso con i gatti, ma ricevo la loro *sexualness*. È importante riconoscerlo, perché puoi ricevere la *sexualness* di qualcuno senza che questo significhi che tu debba andarci a letto.

Quando sei *oneness*, sei totale *sexualness* e non c'è alcun giudizio. Sei disposto a ricevere ogni cosa sul pianeta. Ma appena dici: "Sono questo", crei una limitazione. Quando ragioni in termini di sessualità e dici: "Sono un maschio eterosessuale", non puoi ricevere energia dagli uomini omosessuali e così blocchi la tua capacità di ricevere da qualsiasi altra cosa. Questo è quanto. Non riceverai energia dalle piante, non riceverai energia dagli animali e, in particolar modo, non riceverai energia dalle persone del tuo stesso sesso.

Pensaci un momento. Se sei un uomo e non sei disposto a ricevere la *sexualness* di un altro uomo, come puoi avere tutto quello *che sei*? Quando rifiutiamo di ricevere l'energia o la *sexualness* dalle persone del nostro stesso sesso, allo stesso tempo rifiutiamo di avere la nostra stessa *sexualness*.

Se dici: "Sono un maschio eterosessuale", giudichi le donne omosessuali perché potrebbero provarci con la tua ragazza. Cerchi di suddividere il mondo e fai sparire le lesbiche dalla tua vita affinché non flirtino con la tua ragazza. Cerchi di eliminare quello che potresti permettere che la tua ragazza riceva e anche quello che potresti permettere che tu stesso riceva, e così inizi a classificare te stesso in quelle forme di separazione chiamate sessualità.

Se funzioni dalla *sexualness* e dal non giudizio, allora sei libero. Puoi ricevere l'interezza del mondo. Puoi avere tutto ciò che hai sempre desiderato. È questo il nostro obiettivo: che rivendichi e possieda la totalità della tua *sexualness* e che *tu* la viva invece di pensare che sia una cosa al di fuori di te, qualcosa che hai fatto in passato, qualcosa che devi controllare oppure qualcosa che ti piacerebbe fare in futuro. La possiedi adesso, proprio in questo momento, proprio qui.

IL SESSO HA UN SIGNIFICATO?

Qualcuno pensa che il sesso non abbia nessun significato, invece ce l'ha: si chiama divertimento. Il sesso è una espressione gioiosa della vita, ma nel momento in cui provi a dargli un significato, inizi a giudicare e, appena lo fai, restringi il campo delle esperienze che potresti fare. Nel momento in cui inizi a giudicare, smetti di essere presente.

Quali sono questi giudizi? "È la donna giusta per me?" "Mi chiedo come sarebbe avere dei bambini con lui." "Lei fa un lavoro molto bello". Con lei potrei avere una relazione meravigliosa."

Appena inizi a creare dei significati e dei giudizi su quello che l'altra persona sarà per te o su quale significato avrà il sesso, non sei più presente. Il giudizio uccide qualsiasi possibilità; così ti scavi la fossa con le tue mani.

L'amplesso dovrebbe essere una gioiosa espressione della vita e quando è vissuto da questo punto di vista, crea espansione, e la sua intensità, la sua quantità e le sue possibilità di successo possono aumentare. Ma se vivi l'amplesso secondo il punto di vista che abbia un significato, riduci l'energia di ciò che è disponibile. Qualsiasi significato tu gli dia, crei una limitazione, e quello che fai non è più espressione di spazio e possibilità illimitate.

Per esempio, se una donna esprime un giudizio come: "Questo è l'uomo per me", quello che pensa nella sua testa è: "Be', se voglio avere dei bambini con lui, non possiamo assolutamente fare sesso orale e non possiamo assolutamente fare sesso anale. E sicuramente non possiamo fare una cosa a tre, altrimenti non mi vorrà più sposare". In questo modo inibisce il suo comportamento in base a un potenziale giudizio che il suo partner potrebbe avere in futuro. Esclude i sex toys e le posizioni non convenzionali perché ritiene che il suo partner potrebbe giudicarla non adatta per un futuro insieme ed esclude chi lei è veramente per provare ad adeguarsi alla proiezione di quello che *pensa* potrebbe accadere in futuro.

Questo è il modo in cui inizi a porre dei limiti alle esperienze che potresti avere nell'ambito dell'amplesso e della *sexualness*, basandoti sui tuoi giudizi. Molte delle persone con le quali parlo della loro vita sessuale mi raccontano che, appena hanno avuto figli, hanno iniziato a praticare solo la posizione del missionario. Quando chiedo loro perché, rispondono: "Be', ha a che fare con il fatto che i bambini potrebbero scoprirci". Scusate, ma i vostri figli escono dai loro corpi e stanno lì seduti a guardarvi mentre fate sesso! Non lo sapevate? Avete intenzione di insegnare loro che questo è tutto ciò che avranno?

Conosco molte persone che condizionano i loro comportamenti basandosi su un potenziale giudizio che qualcun altro potrebbe avere. Se questo non ti ricorda niente, prova a pensare alla tua ultima relazione e al momento in cui hai provato ad adattare te stesso a qualcosa che non ti si addiceva. Ho visto le persone più diverse fare questo, io stesso l'ho fatto. Ho provato a cambiare me stesso in modo da adattarmi al punto di vista di qualcun altro. In base a che cosa funziona questo atteggiamento? Quando ti comporti così, da chi stai divorziando? Da te stesso.

Nei seminari di Access, parlo dell'uno, del due, del tre del sesso: la prima volta lo fai per divertimento, la seconda volta sei già in una relazione, alla terza sei sulla strada per l'altare. Un giorno ne parlai a un mio amico; pensava che stessi dicendo una marea di stronzate. Decise di fare una prova su se stesso, poi tornò da me e mi disse: "Avevi ragione!"

Mi raccontò che pensava che per lui questo non potesse essere vero perché lui era molto sfacciato in queste cose. Disse anche che era stato molto chiaro con la donna con cui era andato a letto. Le aveva detto: "Mi piacerebbe molto fare sesso con te, ma non mi interessa avere una relazione. Fare sesso creerà espansione nelle nostre vite e sarà divertente, se sarai disponibile a viverlo così". Lei gli aveva risposto: "Assolutamente sì. Neanche a me interessa avere una relazione". Così fecero sesso per la prima volta e mi raccontò che fu grandioso. La seconda volta, lei volle passare la notte con lui. Il mattino seguente, quando lui si svegliò, iniziò a sentirsi oppresso nonostante entrambi avessero detto di non volere una relazione. Per non parlare del fatto che lei aveva *marcato* il territorio con evidenti segni del suo passaggio: aveva lasciato lì gli orecchini e un paio di mutandine sul letto. Continuarono a fare sesso per un po', con l'accordo che avrebbero fatto sesso anche con altre persone. Fu divertente e creò espansione, fino a quando lei non scoprì che lui era andato con altre donne. Voleva ucciderlo. Mi raccontò, inoltre, che la stessa cosa era successa con le altre dieci donne con cui aveva fatto sesso dopo di lei.

Sia gli uomini che le donne fanno l'uno, il due, il tre del sesso. Dopo aver divorziato da mia moglie, ricordo che una mattina stavo facendo la doccia, dopo aver fatto sesso con un'altra donna per la prima volta, e mi ritrovai a pensare: "Chissà se è quella giusta". Se è quella giusta?! Non so neanche il suo cognome e voglio sapere se è quella giusta? Pensai: "Non ci posso credere! Sono appena uscito da un matrimonio, non ne voglio un altro".

Ci mettiamo in queste situazioni in maniera automatica, perché siamo programmati a entrare in quella dimensione. È quello che fanno tutti. La prima volta non provi a possedere l'altra persona, ti stai solo divertendo. La seconda volta inizi a dare un significato a quello che stai facendo e inizi a creare la realtà che a tuo giudizio dovresti creare se fai del sesso. Be', d'altra parte i tuoi genitori ti hanno detto: "Non fare sesso a meno che tu non abbia una relazione. Non andare a letto con lei a meno che tu non abbia intenzione di sposarla". L'importanza che dai al sesso crea delle limitazioni e quello che fai non è più espressione dell'illimitata qualità dell'energia vitale *(sexualness)*.

Quello che cerchi è una vita sessuale che crei sempre più espansione e non dei risultati riduttivi. Per rendere significativo qualcosa, c'è sempre bisogno di un giudizio e così, quando inizi a rendere significativo qualcosa, inizi ad avere in cambio dei risultati riduttivi.

Com'è il sesso quando è gioiosa espressione della vita? Ricorda com'è stato il tuo ultimo orgasmo, anche se fosse stato cent'anni fa. Adesso tira quell'energia dai tuoi piedi e portala fin sopra la testa. Come si sente il tuo corpo quando lo fai? Vibra di più? È più vivo? Se farai in modo che quella qualità orgasmica continui, diventerai un invito per il tuo partner a desiderare più sesso. Il corpo di lui o di lei vorrà la stessa vibrazione. L'unica cosa che dovrai fare sarà continuare a tirare quell'energia attraverso il tuo corpo.

Quello che cerchiamo è un senso di capacità di generazione orgasmica della vita insieme alla celebrazione di quest'ultima così come dovrebbe essere veramente. Hai mai ritenuto che il sesso fosse una cosa troppo seria per divertirti nel farlo? Tanto da non poter ridere durante l'orgasmo? Tanto da non poter procurare alla tua donna così tanti orgasmi da farla ridere istericamente perché non ce la fa più a sopportarne l'intensità?

Hai mai avuto una relazione nella quale tu e il tuo partner vi coccolate come dei cuccioli? Dove l'unica cosa che fate è godere arrotolandovi l'uno sopra l'altro, toccandovi e accarezzandovi con i vostri corpi. Senza cercare di avere tutto, senza cercare di fare tutto, lasciando solo che i vostri corpi si intreccino comodamente l'uno con l'altro. Quella sensazione di essere come dei cuccioli ci fa sentire come in un luogo in cui iniziamo a giocare con il nostro corpo e con quello degli altri, invece di relazionarci con il corpo in modo *serio.* Questo corpo è stato creato per divertirsi.

Il punto di vista che vi proponiamo è questo: "Sembra divertente. Che cos'altro si può fare? Che cos'altro è possibile?" Spero che ora avrai un po' di curiosità e che ti permetterai di avventurarti nelle altre aree della tua vita con divertimento e vitalità.

CHE COS'È CHE CREA LA TUA ENERGIA SESSUALE?

Che cos'è che crea la tua energia sessuale? È l'attrazione verso qualcuno, sono i tuoi ormoni oppure è qualcosa che decidi di creare nella tua testa?

Sei tu che l'accendi o è il tuo corpo? Che cosa fai per accendere il tuo corpo? Oppure lo spegni? Hai delle manopole che giri al minimo? Hai mai tenuto la tua energia sessuale spenta, in modo tale da non perdere il controllo? Pensi mai: "Non importa quanto mi sia divertito in passato, mi ricorderò quanto è stato fantastico, ma non lascerò più che sia così intenso"?

Se sei nell'infinitezza del tuo Essere, sei *sexualness* totale e continua. Il punto di vista degli umani è che devi spegnere e accendere la tua *sexualness*, altrimenti perché si dice: "Oh, quella ragazza mi attizza! Oh, quel ragazzo mi attizza"? Prego? Perché non sei sempre "acceso"? Quando ti ho chiesto di tirare l'energia dell'orgasmo attraverso i piedi fin sopra la testa, il tuo corpo si è sentito bene, giusto? Perché non lo fai in continuazione? La ragione per cui probabilmente non lasci che accada è che, in quel caso, dovresti essere disponibile a farti vedere per quello che sei veramente.

Hai mai notato le persone che si vestono con abiti sexy? In verità non c'è neanche un grammo di *sexualness* nel modo in cui si vestono. Queste persone creano un'immagine di quello che pensano sia sensuale, ma non creano la *sexualness*.

Ti è mai capitato invece di vedere qualcuno con indosso abiti sudici camminare per strada e pensare: "Oh! Quel ragazzo è sexy! Oh! Quella ragazza è sexy!" Perché? Perché loro non indossano la loro *sexualness*, la incarnano! Non creano un'immagine. È la realtà del loro Essere. La *sexualness* non ha a che vedere con il tuo aspetto, ha a che vedere con chi sei.

Ho un'amica che pensa e sente continuamente di avere una grande *sexualness*, e ha una vita sessuale molto attiva. Ha un seno piuttosto piccolo, non ha una personalità esuberante, ha un po' di pancetta e non ha dei bei capelli. Non è una ragazza bellissima, ma quando cammina per strada tutti cadono ai suoi piedi. Nessuna parte del suo corpo è particolarmente bella, ma il suo modo di essere, la sua *sexualness* e il suo modo di essere presente a se stessa la rendono attraente agli occhi di chiunque e gli uomini ci provano sempre con lei. La *sexualness* non ha a che fare con le parti del corpo, è qualcosa che hai dentro.

Quando incarni totalmente la tua *sexualness*, incarni la capacità di ricevere da chiunque, non importa se ti guardano o se pensano che tu sia fantastico. Spesso succede che reprimiamo la nostra *sexualness* perché pensiamo che sia una cosa cattiva. La repressione è il nostro modo di dominare, manipolare e controllare noi stessi. Quando non incarni la grandezza di ciò che sei e non sei disposto a riceverla, quando non tiri energia dentro di te e quando non sei la qualità orgasmica della vita, le persone scappano da te. Stai sopprimendo e comprimendo te stesso e stai negando la totalità di chi sei veramente. In caso contrario, le persone sarebbero attratte da te. Le persone verrebbero da te in continuazione.

Si tratta di non reprimere alcuna parte di te. Devi essere capace di fare esperienza di tutte le cose con facilità, gioia e gloria. Se desideri ricevere abbondanza nella tua vita, devi essere disposto a ricevere qualunque cosa, che si tratti di soldi o di *sexualness*.

DONARE-E-RICEVERE SIMULTANEAMENTE OPPURE DARE-E-PRENDERE?

Questo mondo è basato per lo più sull'abitudine di dare-e-prendere. Fondamentalmente il punto di vista è questo: "Io ti do questo, tu mi dai quello. Se io faccio sesso orale a te, tu poi fai sesso orale a me". È una modalità di scambio nella quale siamo tutti incastrati. Donare, invece, è la capacità di dare a qualcuno e nel dare, ricevere in egual misura. Quando si dona, non si verifica uno scambio in tempi separati. Il dono consiste nel ricevere e il ricevere è il dono, e il tutto accade contemporaneamente. Quando sarai capace di fare questo, avrai gli elementi che ti permetteranno di avere veramente un senso di comunione con tutte le cose.

Abbandona l'idea dello scambio di energie e renditi conto che tutta l'energia è espansiva. È un altro modo di vedere quello che stai dando a qualcun altro. Doni e nel farlo ricevi, simultaneamente.

Quando hai un'aiuola piena di bellissimi fiori, questi ti donano la loro bellezza e non ti chiedono niente in cambio. Quello che ricevono da te è l'energia che dai loro e la tua gratitudine per la loro bellezza.

Quando sei nella natura, ricevi dei doni? E la natura si aspetta qualcosa in cambio? La natura dona tutto quello che ha in continuazione e, come risultato, riceve da qualunque cosa. Gli alberi generano frutti e te li donano totalmente. Accade mai che se ne tengano una parte?

Hai mai promesso qualcosa al tuo partner per poter ottenere quello che vuoi? Questo è un punto di vista assurdo che ti mette nella posizione del dare-e-prendere, dove dai per poter ottenere qualcosa. Non stai donando all'altra persona, perché donare ha a che fare con l'onorare te stesso. Stai negoziando, stai dando un prezzo a questa cosa e continui a fare così perché ritieni che questo ti porti a un risultato; ma non funziona perché le persone non sono disposte a svendere se stesse. Persino le prostitute non sono disposte a svendersi, anche loro vogliono essere onorate.

La maggior parte di noi cade nel sistema del dare-e-prendere.

Non è: "Faccio sesso orale con te perché mi piace il sapore, l'odore e ogni parte del tuo sesso e... Dio com'è divertente! Posso farlo ancora?"

E non è: "È così divertente per me che facendolo ricevo"... ma è così che potrebbe essere.

Parte della difficoltà nelle relazioni è che la maggior parte di esse riguarda: "Se faccio questo per te, tu farai quello per me. Se ti do questo, tu mi darai quello. Se do, ottengo". Stai negoziando. Quando dai e prendi, crei degli obblighi, non onori la simultaneità del donare-e-ricevere, e non è questo il modo per creare quella comunione che è realmente possibile.

Nell'universo del dare-e-prendere pensi che se dai abbastanza allora l'altra persona ti restituirà quanto ricevuto. No. Se stai donando, non ti importa che gli altri ti diano qualcosa in cambio. Quando doni, apri le porte per ricevere da qualunque cosa nell'universo, non solo dalla persona con cui stai. Quando sei nel dare-e-prendere, ti aspetti che l'altra persona ti restituisca l'energia che hai dato, che in verità è solo un piccolo flusso, se paragonato al flusso di espansione veramente possibile. Quando doni totalmente, apri te stesso a ricevere l'interezza dell'universo, e l'intensità infinita della *sexualness* diventa possibile.

Devi essere disponibile a ricevere dall'interezza dell'universo, è così che funziona.

Il dare-e-prendere è solo uno scambio. Vuoi scambiare fluidi corporei oppure vuoi donare all'altra persona perché tieni a lei?

COMUNIONE O RELAZIONE?

A volte le persone mi dicono: "Sono pronto per essere in comunione con qualcuno". Appena sento l'espressione "... con qualcuno", so che stanno avendo una relazione anche se fingono di essere in comunione. Non ingannare te stesso pensando di essere in comunione con qualcuno: la comunione non è *con qualcuno*. Si ha comunione con ogni cosa. Quando sarai capace di essere in comunione con tutto, allora riceverai tutto. Questo non avrà effetto solo sulla tua vita sessuale e sulle tue relazioni, si rifletterà anche sul denaro e su qualsiasi altro settore della tua vita, perché riguarda la tua capacità di ricevere.

D'altra parte, in una relazione, ogni cosa è una voce dell'attivo o del passivo: si tratta dello stato dell'estratto conto della tua relazione. Fai affidamento sulla tua relazione, pensi che sia tutto in attivo, e poi scopri che è tutto in passivo. E a quel punto è finita. Riconosci che esiste un luogo diverso da cui funzionare e si chiama "comunione".

Ho un cavallo indomabile che non vuole obbedire mai a nessuno, l'obbedienza non è tra le sue qualità. Dain non è un cavaliere esperto, ma voleva davvero montare quel cavallo, continuava a chiedermelo e a un certo punto ho ceduto e gliel'ho lasciato fare.

Il cavallo guardava Dain come se gli stesse dicendo: "Sei mio!" e anche se non obbedirebbe al più esperto dei fantini, fa qualunque cosa Dain gli chieda di fare. Questo perché lui e Dain sono in comunione, hanno una connessione che sfida la legge della realtà e che dice: "Io sono il padrone e tu fai tutto quello che voglio".

Dain può cavalcare questo cavallo con una cavezza, nessun altro al mondo oserebbe farlo. Il cavallo ha mostrato a Dain come saltare e adesso Dain riesce a fare delle cose con lui per cui persone con dieci anni di esperienza di equitazione commentano dicendo: "Non posso credere a quello che hai fatto fare al tuo cavallo!" La risposta di Dain era: "Non sono stato io a fargli fare queste cose. Gli ho solo chiesto di farlo e lui l'ha fatto".

Molte persone sono disposte ad avere quel tipo di comunione con un animale, ma non sono disposte ad averlo con il proprio partner. Non sono disposte a sapere che cosa desideri veramente il loro partner. Dicono che quello che il partner vuole sentirsi dire è: "Dimmi che cosa vuoi".

E la riposta del loro partner è: "Non posso credere di doverti dire che cosa voglio che tu faccia". Eh? Essere in comunione permetterebbe loro di esprimere davvero quello che è possibile. Se sei in comunione, non solo saprai quando è richiesta la comunicazione verbale, ma sarai anche disponibile ad averla. Sarai disponibile a chiedere quello che ti piace, come: "Oh! Questo mi piace proprio! Potresti farlo ancora un po'? Un po' più piano, per favore".

Chiedi e ti sarà dato.

SEI VERAMENTE DISPOSTO A RICEVERE?

Per molti di noi ricevere si riduce al mangiare, bere, fare una doccia, cambiarsi i vestiti, comprare oggetti. Questo è ricevere per la maggior parte delle persone su questo pianeta, e molto di questo ha a che fare con la realtà del dare-e-prendere piuttosto che con quella del donare-e-ricevere.

Sei una persona che tende a lavorare sodo per avere un risultato? Lavori un po' troppo sulle cose? Quando fai così, non sei disposto a ricevere, sei solo disposto a dare. Dai, dai, dai, con l'idea che in qualche modo ciò che hai dato ti sarà restituito. Oppure sei una persona che non è disposta a ricevere perché pensi significhi che dovrai dare qualcosa in cambio? Non lasci che ti arrivi qualcosa perché non vuoi poi dover dare qualcosa.

Imparare a ricevere è la cosa più grandiosa che puoi fare. Le limitazioni riguardo ai soldi, le limitazioni riguardo al sesso, le limitazioni riguardo alle relazioni si basano su ciò che non sei disposto a ricevere. Più riusciremo a essere liberi rispetto a ciò che possiamo avere, più potremo ricevere. Questa è la limitazione più grande che vedo nelle vite delle persone: non vogliono ricevere determinate cose.

Se vuoi scoprire come aumentare la tua capacità di ricevere, vai in centro, mettiti davanti alle vetrine e guarda tutto quello che c'è. Ogni volta che guardi qualcosa e pensi: "Odio quella cosa" oppure: "Quella cosa non mi piace", distruggi e screa ogni decisione che hai preso che crea quel punto di vista. Semplicemente dì a te stesso o a voce alta: "Distruggo tutto ciò che crea quel punto di vista".

Quando avrai la capacità di guardare qualsiasi cosa e dire: "Oh, interessante", "Carino", "Insolito", "Questa cosa è diversa", allora potrai iniziare a ricevere qualsiasi cosa. Non avrai più un punto di vista fisso su come le cose dovrebbero sembrare, così qualcosa di completamente diverso potrà entrare nella tua vita. (E comunque questo non significa che devi comprare tutte le cose brutte che vedi.)

C'è stato un momento in cui mi capitava spesso di calpestare le cacche di cane. La cacca mi rimaneva attaccata alle scarpe e rischiavo di impazzire, perché non sopportavo quella puzza. Allora, a un certo punto, mi dissi: "Ok, devo farla finita con questa storia della cacca. Devo essere capace di ricevere la cacca di cane" e iniziai a far scorrere un processo di Access chiamato "Punto di creazione" per risolvere il problema della cacca di cane.

Poi un giorno, scendendo dalla macchina, sentii: "Attento!", e quando abbassai lo sguardo, notai che stavo per calpestare una montagna di cacca di cane. Feci altri tre passi e sentii: "Sono qui!", e ce n'era un'altra montagna. Non si vedono spesso montagne di cacca di cane a tre passi l'una dall'altra, specialmente a Santa Barbara. Da allora le cacche di cane mi avvertono della loro presenza. Ora non calpesto più le cacche e non mi preoccupo più di loro.

Dain mi ha raccontato di una volta che stava correndo lungo un sentiero sulle montagne sopra a Santa Barbara e aveva iniziato a pensare: "Caspita, devono esserci dei grossi serpenti qui. Chissà cosa accadrebbe se venissi morso da un serpente a sonagli". Dopo circa due chilometri, si ritrovò a saltare un ruscello e, mentre era nel bel mezzo del salto, dall'altra parte vide un serpente a sonagli denominato *diamondback*, che stava in mezzo al sentiero e lo fissava. Senza sapere come, pur essendo a mezz'aria, si girò e tornò dall'altra parte del ruscello. Stette lì fermo a guardare il serpente. Era il più bel serpente a sonagli *diamondback* che avesse mai visto. Il serpente stava seduto lì e lo guardava, e Dain capì che gli stava facendo sapere che era lì.

Dain era disponibile a ricevere l'informazione che sul sentiero ci fosse un serpente, ma non era disponibile a riconoscerne il significato.

L'informazione è lì, se siamo disposti a riceverla. Quando ci chiediamo: "Che cosa c'è di giusto in questo che non sto riconoscendo?", la risposta arriva. Nel caso di Dain lui pensò: "Ok, c'è un serpente di fronte a me? Sì! Va bene, allora sarò un po' più prudente".

Spesso, in una relazione, quando non sei disposto a vedere "i serpenti a sonagli", prendi una decisione del tipo: "Oh! Lei è la donna più bella del mondo!" Hai già deciso che è bellissima e non vedrai quando si comporterà in modo meschino o quando farà cose veramente orrende, non vedrai niente. Hai preso la tua decisione, hai fatto la tua scelta e non vedrai nient'altro.

Avrai un risultato negativo perché non sei disposto a ricevere qualsiasi cosa. Se sei disposto a ricevere che ci sono parti belle, brutte e cattive in ogni persona, allora potrai vedere che cosa fanno e potrai avere totale fiducia in loro. Saprai quando ti strapperanno il cuore, saprai quando ti venderanno per un centesimo, saprai quello che faranno e non ci saranno sorprese. È proprio così che le persone rovinano la loro relazione: decidono che qualcuno è perfetto e cercano di vedere solo il bello. Puoi vedere che cosa fa una persona quando non sei disponibile a vedere qualsiasi cosa di lui o di lei? Se non sei disponibile a ricevere i suoi limiti, sei veramente disponibile ad avere una relazione con questa persona? Hai preso una decisione e hai espresso un giudizio e quando agisci in questo modo, tutto ciò che non corrisponde a quel giudizio non giungerà alla tua consapevolezza.

CORPO, DOVE VUOI ESSERE TOCCATO?

Uno dei modi in cui puoi sviluppare la consapevolezza di quello che il corpo del tuo partner desidera, è chiedere al corpo che cosa gli piacerebbe e seguire quello che ti dice. Non devi chiederlo ad alta voce - anche se, volendo, puoi farlo -, puoi anche solo chiederlo mentalmente. Parti dal punto di vista che se chiedi al corpo dove vuole essere toccato, ti dirà dove mettere le mani. Chiedi semplicemente al corpo del tuo partner che cosa vuole, e stai certo che le tue mani risponderanno.

Questo ti preparerà per la parte più importante di un grandioso amplesso: seguire l'energia. Come per qualsiasi altra cosa, bisogna fare pratica. Chiedi semplicemente al corpo dell'altra persona: "Corpo, dove ti piacerebbe essere toccato? Corpo, di che cosa hai bisogno?", sapendo che le tue mani andranno automaticamente là dove devono andare. La schiena potrebbe aver bisogno di un lungo e profondo massaggio per rilassare tutte le tensioni che sono state create. I piedi potrebbero desiderare di essere massaggiati oppure la pancia vorrà essere grattata delicatamente e a lungo.

Qualsiasi cosa tu faccia ha a che fare con il guarire. Siine consapevole, nel momento un cui tocchi il corpo dell'altra persona. Guarire fa parte della realtà del vero sesso. Il tuo corpo proverà a guarire il corpo del tuo partner. E allora il suo corpo proverà a guarire il tuo, e questo farà espandere tutti e due. Davvero, basta solo chiedere al corpo: "Corpo, dove ti piacerebbe essere toccato?"

Ti hanno mai fatto un massaggio con una pressione troppo forte, che quindi non ti ha fatto sentire bene? Chi ti faceva il massaggio non stava parlando al tuo corpo, non gli stava facendo dire che cosa avrebbe desiderato ricevere. Quando qualcuno parla veramente al tuo corpo, ti tocca in modo appropriato. Quello che vogliamo dal sesso è esattamente questo: qualcuno che tocchi il nostro corpo e che lo tocchi bene. *Sexualness* è guarigione, è cura, è nutrimento, è creatività, è espansione. Guarisce te e il tuo partner.

Se quando fai sesso parli con il corpo del tuo partner, ti dirà che cosa devi fare, ti dirà quanto lentamente o quanto velocemente muoverti. Sii sempre disposto a rallentare. L'intensità aumenta con la lentezza e la gentilezza, non con la velocità, la forza e lo sfregamento. Più lentamente ti muovi, più tutto diventa intenso, perché l'altro inizia a pregustare il piacere.

Una *sexualness* incredibile ed espansiva ha a che vedere con il chiedere al corpo che cosa vuole e seguire questa energia. Non ha a che vedere con lo sfregamento, non ha a che vedere con la forza, non ha a che vedere con la brutalità e non ha nemmeno a che vedere con la tecnica che usi. Alcune persone usano tecniche come quelle insegnate dagli operatori di sesso tantrico, ma abbiamo scoperto che questa in verità è una prospettiva limitata, perché promuove l'uso delle tecniche piuttosto che quello della consapevolezza.

Se segui l'energia, saprai esattamente dove toccare qualcuno. Con le tecniche il sesso diventa solo un fare, mentre noi vogliamo che provenga dall'Essere. La *sexualness* è sempre un'espressione dell'Essere, fa parte di ciò che tu sei. Se vuoi essere bravo a letto, inizia a chiedere al corpo del tuo partner cosa vuole, poi crea questa cosa con lentezza e gentilezza.

Seguire l'energia è un processo in divenire, perciò continua a mantenere la consapevolezza. Tocca il corpo dove chiede di essere toccato e nota la differenza dell'energia. Poi chiedi: "Ok, che cos'altro vuoi che faccia? Che cos'altro è possibile? Se riconosci che tutto il corpo è un organo sessuale, sarai in un continuo stato di cambiamento e nella consapevolezza di ciò che il corpo chiede e di come risponde a quello che fai.

Alcune persone tendono a chiedere al corpo che cosa desidera e a focalizzarsi su quell'unica cosa. "Ok", pensano, "focalizzerò la mia attenzione sul seno, e sarà l'unica cosa che dovrò fare". La verità è che il fatto che il seno sia l'unico punto su cui è focalizzata l'attenzione potrebbe non essere quello che il corpo desidera. Devi continuamente ricevere le informazioni che dà il corpo e donare continuamente alla persona con cui stai. Anche mentre starai toccando il corpo rispondendo alle sue richieste, sarai consapevole del fatto che quello che gli sta succedendo è il risultato delle tue carezze e ti sintonizzerai su quello che vorrà dopo. Questo processo di continua consapevolezza lo chiamiamo: "stare nella domanda".

Più avanti spiegheremo come procurare al tuo partner, maschio o femmina che sia, un orgasmo completo. Ci auguriamo che imparerai a chiedere al corpo del tuo partner che cosa vuole e a fidarti del fatto che il tuo corpo risponde alle sue richieste, perché questo è il punto di partenza. La cosa importante è la pratica. Fai pratica, fai pratica, fai pratica, più spesso che puoi.

CORPO, CON CHI DOVREI ANDARE A LETTO?

Quante volte hai deciso di andare a letto con qualcuno basandoti sulla misura e la forma di alcune parti del suo corpo, piuttosto che sui desideri del tuo corpo? Se chiediamo ai nostri corpi di mostrarci con chi dovremmo andare a letto, ci diranno cos'è meglio per loro. Se permetti al tuo corpo di dirti chi sarà nutriente per lui e quale tipo di energia lo fa stare bene, allora sarai in grado di espandere quello che raggiungi con il corpo, altrimenti il sesso diventa una limitazione e userai la forza e la brutalità durante sesso, perché cerchi di ignorare quello che il tuo corpo sa che va bene per lui.

Inizia a parlare con il tuo corpo e chiedigli di indicarti con chi andare a letto. Avevo fatto questa domanda al mio corpo, e una domenica, a Santa Barbara, mentre camminavo nei pressi di un mercatino dell'usato, sentii uno strattone, mi girai e mi trovai davanti la donna più brutta che avessi mai visto in vita mia. "Grandioso", pensai, "ci devo andare a letto?" Continuai a camminare e sentii un altro strattone. Cercai in giro con lo sguardo e vidi che c'era un ragazzo gay e pensai: "Ah, adesso sono gay e mi piacciono le persone brutte". Andai avanti un po' e mi sentii di nuovo tirare forte. Mi guardai in giro e vidi che c'era una vecchia signora con il girello, e pensai: "Brutti, gay e vecchi! Le mie opzioni scemano velocemente". Continuai a camminare e sentii un altro strattone. C'era un ragazzino di dieci anni e pensai: "Ah, adesso sono un pedofilo. Corpo, cosa stai cercando di dirmi?"

All'improvviso capii: era l'energia che quelle persone avevano in comune. Tutte quelle persone avevano una particolare energia che nutriva il mio corpo. Non avevo mai chiesto al mio corpo che cosa sarebbe stato nutriente o meraviglioso per lui nell'ambito del sesso. Avevo sempre dato per scontato questo interessante punto di vista: "Ok, voglio quella bellissima donna con quel fantastico corpo". Avevo tutti i parametri su cosa fosse grandioso, ma non avevo mai chiesto al mio corpo cosa desiderasse.

È quello che la maggior parte di noi fa: invalidiamo le scelte dei nostri corpi. Ma se permetti al tuo corpo di dirti che cosa sarà nutriente per lui e quale tipo di energia lo farà stare bene, allora sarai in grado di espandere quello che raggiungi con il corpo.

Ho visto molti miei amici scegliere continuamente donne completamente sbagliate per loro. Li guardo e dico: "Questa donna ti mangerà". E loro rispondono: "No, è buona, è meravigliosa ed è tutto ciò che ho sempre desiderato". Dopo cinque settimane, si lamentano: "Mi perseguita, non riesco a liberarmene. È una pazza, è una psicopatica. Perché scelgo sempre donne così?"; continuano a scegliere la stessa tipologia di donna in corpi diversi.

Inizia a parlare al tuo corpo e chiedigli di mostrarti chi sarebbe nutriente. Se alla fine sentirai che quell'uomo sposato in fondo alla strada è quello che ti nutrirà, riconosci che qualcun'altra ha fatto veramente bene a sposarlo.

Non si tratta di avere *quella* persona, si tratta del tipo di energia che dovrai cercare se vorrai veramente creare una relazione straordinaria, meravigliosa ed espansiva.

IN CHE MODO LUI O LEI TOCCANO LE COSE?

Per fare del sesso grandioso cerca un partner che sia sensuale. Se ti interessa una donna, guarda come tocca le cose: chi accarezza qualsiasi cosa nella sua vita accarezzerà anche te; chi sbatte le cose e le muove velocemente farà lo stesso con te. Una donna che ti guida quando ballate, ti sbatterà allo stesso modo.

Un amico mi raccontò che una volta stava flirtando con una donna e lei gli disse: "Fatti massaggiare le spalle". Lui accettò e lei lo afferrò e iniziò ad affondare aggressivamente le mani nelle sue spalle. Mi disse: "Quella fu la fine del flirt. Grazie mille". Aveva ottenuto tutto quello che aveva bisogno di sapere: non voleva essere lanciato contro un muro.

Il modo in cui le persone muovono le mani e quello che fanno con le mani ti dice molto di loro. Osserva come le persone muovono i loro corpi. Le persone a cui piace il proprio corpo si muovono in modo diverso dalle persone a cui il loro corpo non piace. Quando abbracci qualcuno, nota se si irrigidisce. Senti quali persone non sono disposte a ricevere qualsiasi cosa da te e quali persone cercano continuamente di dare. Queste ultime ti spingono, invece di invitarti. Nota quelle che vengono verso di te e ti ricevono. Questo inizierà a darti un'indicazione per scegliere qualcuno con cui stare. Se non c'è un vero ricevere in un abbraccio, non ci sarà neanche a letto. Le persone se sono interessate a te, te lo fanno sapere. Molte ti guarderanno e diranno: "Oh, ti voglio". Ma poi ti abbracceranno e tu saprai che non è quello che vuoi. Se ti interessa un uomo, guarda come tiene un bicchiere di vino. Lo sbatte? Allora sbatterà anche te. Osserva come sono i suoi abbracci. Se spinge l'energia verso di te e non è disponibile a fondersi con te, allora non sarà un granché a letto. Parlo con molte donne a proposito delle loro relazioni con gli uomini e chiedo: "Cosa fa tuo marito?"

Se mi rispondono: "Fa il carpentiere", chiedo: "Ti tratta come un'asse di legno? Ti prende a martellate?"

La maggior parte delle volte la risposta è: "Sì!"

Spesso capita che per i carpentieri tutti gli angoli debbano essere a novanta gradi. È tutto giusto o sbagliato, buono o cattivo; non ha a che fare con il toccare. Se il tuo partner fa lavori pesanti da carpentiere, è probabile che tratterà il tuo corpo in quel modo: sarai solo un altro pezzo di legno da inchiodare. Ma quando chiedo alle donne che sono sposate con un ebanista se il marito è sensuale, mi dicono: "Sì, mio marito è molto sensuale". Un ebanista guarda il legno, sente la sua ruvidità e cerca il modo per lavorarlo. È questo quello che volete: qualcuno che lavori con tutto ciò che la natura offre e che lo apprezzi.

VOLETE CREARE UN'INTIMITÁ GRANDIOSA?

La relazione più straordinaria che abbia mai visto è quella tra Mary, una mia amica di novantaquattro anni, e suo marito Bill. Non ho mai visto una coppia in cui entrambi si prendono cura l'uno dell'altro come facevano loro. Tra loro due scorreva un'energia meravigliosa.

Mary è cresciuta in Inghilterra con la nonna vittoriana ed è arrivata negli Stati Uniti agli inizi degli anni '20. È una donna ammirevole in tutto ciò che è e ha passato tutta la sua vita a fare ricerche nel campo della metafisica.

Negli ultimi anni della sua vita, Bill era malato di Alzheimer. Era arrivato al punto da non riuscire a ricordare niente e continuava a fare sempre la stessa domanda a Mary, ma lei non si arrabbiava mai. Si limitava semplicemente a dargli la stessa risposta, come se lui non gliel'avesse mai chiesto prima.

È da Mary che ho imparato i cinque elementi per creare un'intimità grandiosa. Mi ha mostrato che per raggiungere l'intimità con il proprio partner bisogna prima raggiungere l'intimità con se stessi. Ho osservato come metteva in pratica in continuazione questi cinque elementi nella sua relazione con Bill: onorare, fiducia, *allowance*, vulnerabilità e gratitudine.

Onorare

Il primo elemento per creare un'intimità grandiosa è onorare. Come ho detto, bisogna prima di tutto onorare se stessi. Sii in intimità con te stesso e onorati. Non separare parti di te stesso, non negarle né reprimerle. Abbi cura di te stesso e fai quello che è giusto per te. Poi onora il tuo partner.

Onorare il tuo partner significa trattarlo con riguardo. Ti fidi del fatto che l'altra persona avrà cura di se stessa e farà quello che è giusto per sé e onora tutto questo. E al tempo stesso fa ciò che è giusto per te.

Bill, per esempio, credeva che si vivesse una volta sola, che si morisse e punto, diventavi cibo per i vermi. Non poteva essere più in disaccordo con quello che pensava Mary a proposito della reincarnazione; ma lui onorava il punto di vista di Mary e lei faceva la stessa cosa con lui. Non discutevano sull'argomento o su chi avesse ragione o torto, non provavano a cambiare l'altro. Lasciavano l'altro totalmente libero di avere il proprio punto di vista.

Se per onorare te stesso ti piace andare a cavallo ed è una cosa che il tuo partner non fa, ma è quello che vuoi fare tu, allora cavalcando onorerai te stesso. Non disonorerai il tuo partner aspettandoti che salga sul cavallo e lui non ti disonorerà arrabbiandosi perché non passi tutto il tuo tempo libero con lui.

Quando ero sposato, la mia ex moglie spendeva più soldi di quanti ne guadagnassimo. Spesso svuotava il nostro conto in banca e firmava assegni scoperti. Questo mi metteva seriamente in difficoltà, perché avrei potuto firmare degli assegni alle persone che lavoravano per me per poi scoprire che non erano coperti. Allora iniziai a mettere dei soldi da parte, in modo da averne abbastanza per pagare lo stipendio dei miei dipendenti. Con i soldi che mettevo da parte coprivo gli assegni scoperti e aspettavo che sul conto ci fossero altri soldi per riprenderli.

Per niente al mondo mia ex-moglie avrebbe cambiato il suo comportamento con i soldi. Non importava cosa facessi, cosa dicessi o quanto ne parlassimo. Non riusciva e non voleva cambiare comportamento. Credeva di fare un lavoro grandioso nel gestire i soldi. Potevo onorare il fatto che questo fosse il suo modo di agire e, allo stesso tempo, potevo onorare me stesso assicurandomi di avere abbastanza soldi per adempiere ai miei obblighi finanziari. Il fatto che mettessi dei soldi da parte non la disonorava, anche se avrebbe potuto definirlo disonesto perché non era un modo di soddisfare i suoi desideri.

Alla fine, arrivai a un punto nella relazione in cui mi fu chiaro che non stavo facendo altro che divorziare continuamente da me stesso per far funzionare il nostro matrimonio. Divorziare da sé per poter creare una relazione è quello che fa la maggior parte delle persone ed è ciò che Mary e Bill non facevano. Decisi di porre fine al nostro matrimonio e facendolo ho fatto del mio meglio per onorare la mia ex-moglie e me stesso.

Non le dissi: "Devi cambiare delle cose che so che non puoi cambiare". Le dissi: "Mi sono reso conto che chiederti di cambiare è come chiedere a un leopardo di cambiare le macchie della sua pelliccia. Non succederà mai, e chiedendoti di farlo non ti onorerei". Ed ho anche onorato me stesso poiché il mio punto di vista era: "Se queste cose non cambiano, non posso più vivere con te".

Mi assicurai che avesse una sostanziosa rendita finanziaria. Non cercai di mandarla sul lastrico o di danneggiarla economicamente. Volli onorare l'impegno che avevo con lei dandole un reddito decente per i successivi dieci, quindici anni, perché l'avevo promesso. Non stavo cercando di essere cattivo, non stavo cercando di essere minaccioso, solo che non potevo più vivere con lei. Ed è stato per onorare me stesso e per onorare lei che ho affrontato il divorzio in questo modo.

Ecco invece un esempio di quello che è l'opposto dell'onorare il partner. In uno dei miei seminari c'era una donna che aveva deciso che Dain era l'uomo perfetto per lei. Così chiamò suo marito e gli disse che Dain era interessato a lei e che, se lui non fosse cambiato, lei se ne sarebbe andata con Dain.

Dain non aveva fatto nessuna proposta del genere. Lei stava agendo in base al fatto che poiché suo marito non faceva quello che voleva lei, avrebbe fatto in modo di controllarlo.

Non stava onorando né se stessa né suo marito né Dain. Quando le chiesi perché avesse detto quelle cose al marito, mi rispose: "Gli ho parlato così perché volevo essere onesta con lui".

Le dissi: "Questa non è onestà, questa è cattiveria. È fottutamente crudele. Con quelle parole lo hai pugnalato. Perché fare questo a qualcuno a cui tieni? Anche se avevi deciso che lo avresti lasciato, dirglielo in quel modo non è stato né onesto né gentile". Quella donna non stava trattando suo marito con riguardo.

Onorare noi stessi e i nostri partner si applica anche a quell'area delle cosiddette relazioni extra-coniugali. Quando la maggior parte delle persone perde interesse e fa sesso con qualcuno che non è il proprio partner, si tratta di tradimento. Non si tratta di onorare se stessi e certamente non si tratta neanche di onorare il coniuge. Comunque, in alcuni casi, fare del sesso con qualcuno che non sia il nostro partner può significare onorare noi stessi. Abbiamo lavorato con persone che ci hanno raccontato di aver fatto sesso con altre persone e di come questo abbia cambiato le loro vite in una maniera realmente benefica. In questo caso, c'è un'energia diversa dal tradimento.

Un uomo con cui ho lavorato mi raccontò che in un anno e mezzo di convivenza con la sua fidanzata erano arrivati al punto di fare sesso meno di una volta al mese, il che aveva iniziato a fargli avere problemi con il suo corpo. Andò via per un weekend, senza la sua fidanzata, incontrò una donna e ci andò a letto. E questo aprì il suo universo e cambiò completamente l'idea che aveva di sé. Si disse: "Wow, aspetta un attimo. Non sono morto e non sono indesiderabile. Non sono un mostro e neanche uno stronzo. Non sono una cattiva persona". Fece sesso soltanto una volta con quella donna, e poi tornò a casa. Il fatto che quella donna lo avesse accolto in quel modo, per lui fu un grande cambiamento.

Si era onorato profondamente con quell'esperienza, e questo gli permise di diventare più intimo con se stesso. E scoprì che grazie a questo onorava di più la sua fidanzata. Non andò a casa a dirle quello che aveva fatto. Tenne questa consapevolezza per sé.

In una situazione come questa, non è necessario tornare a casa e dirlo all'altra persona perché non riguarda loro. Riguarda quello che dovevi sapere e scoprire di te. E non succede che ti senti colpevole, ma succede che ti senti più consapevole di te stesso. Sei più capace di essere presente con il tuo partner, perché hai smesso di divorziare da alcune parti di te.

Spesso, quando inizio a parlare di queste storie, le persone dicono cose come: "Se mio marito mi tradisse, lo ucciderei!"

Voglio farti capire che tradendo non onori te stesso e non onori il tuo partner. Se hai una relazione e fai sesso con qualcun altro e lo fai per provare che sei ancora sexy o che qualcuno ti vuole, non onori te stesso. A dire la verità, così disonori te stesso.

Se ai tuoi occhi quello che fai è una trasgressione, allora disonori te stesso, per non parlare dell'altra persona. Una trasgressione indica che hai fatto qualcosa di sbagliato; ma se sei stato con qualcun altro e lo hai fatto dall'onorare, non nuocerà a nessuno. Non disonori il tuo partner, perché non disonori te stesso. È necessario fare questa distinzione.

È un punto di vista molto più ampio di quello convenzionale. Se il tuo partner ha una relazione con qualcuno, riguarda veramente te? O riguarda lui? Se lo fa per onorare se stesso, non sarà qualcosa che fa contro di te. Se ha bisogno di farlo per se stesso, deve farlo. E non dovrà dirtelo, perché quello sì che significherebbe disonorarti.

Una volta Mary e io stavamo parlando del tradimento e le chiesi: "Bill ti ha mai tradito?"

Lei rispose: "Non ne ho la minima idea, ma se lui avesse avuto bisogno di farlo per onorare se stesso, sono sicura che lo avrebbe fatto".

Allora le chiesi: "Cosa mi dici di quelle persone che hanno delle relazioni extraconiugali e quando vanno a casa provano a lavarsi la coscienza confessandolo al partner?"

E Mary mi disse: "È come se tu andassi a casa, mettessi le tue mutande sporche sulla faccia del tuo partner e gli chiedessi di dimostrarti che ti ama comunque. Non sarebbe proprio carino da parte tua. Voi giovani pensate che si debbano condividere i panni sporchi per poter avere una relazione, ma vi sbagliate. Questo non è onorare il partner".

Secondo Mary non onori l'altra persona dicendole ciò che pensi sia sbagliato di te o ciò che pensi sia stata la tua trasgressione. Diceva: "Non umilii te stesso in questo modo e non dici alle persone cose che non possono ascoltare". Credeva che onorare davvero l'altra persona volesse dire riconoscere che non c'è bisogno che faccia parte di quello che è successo.

Fiducia

Il secondo elemento per creare un'intimità grandiosa è la fiducia. Potresti pensare che fiducia significhi fede cieca, ma fidarti ciecamente è non vedere tutto quello che succede. No, non devi essere cieco. Devi essere consapevole e fidarti del fatto che le persone faranno sempre quello che è meglio per loro. Non devi fidarti ciecamente del fatto che ti saranno fedeli, che faranno quello che vuoi o che manterranno le promesse, ma devi essere consapevole del fatto che devono sempre prendersi cura di se stesse. Fiducia significa semplicemente sapere che il tuo partner farà sempre quello che, lui o lei, farà. Come diceva Mary: "Sapevo di potermi fidare del fatto che Bill sarebbe stato se stesso e che avrebbe fatto quello che era giusto per lui e che mi avrebbe sempre onorato in qualunque modo avesse potuto".

Non hai fiducia nel fatto che le altre persone faranno quello che vuoi che facciano. Hai fiducia nel fatto che faranno quello che faranno. Se lui lascia sempre la tavoletta del wc alzata, allora sai che è quello farà. Se lei spende sempre tutti i soldi in vestiti, sai che è quello che farà.

Le persone che hanno un partner alcolizzato, per esempio, hanno la tendenza a fidarsi del fatto che cambierà per il fatto che loro lo amano tantissimo. Si aspettano che smetta di bere proprio grazie a questa relazione o grazie all'amore che provano per lui, ma non ci si può fidare del fatto che un alcolista smetta di bere. Distruggi la tua consapevolezza se lo fai; rendi quello che hai deciso di volere più grande della tua consapevolezza di ciò che è. Fiducia è essere consapevole che lui è un alcolizzato e sapere che, in quanto tale, berrà.

Conosco una donna che aveva questa immagine di suo marito: "È meraviglioso. È semplicemente favoloso. Ora, se solo riuscissi a farlo cambiare!" Ma perché sposeresti qualcuno che pensi debba cambiare? Ti piacerebbe comprare una casa da risistemare? Perché scegli persone da cambiare? Non preferiresti trasferirti in una casa ed essere felice per come è? Non devi accontentarti di una topaia da sistemare. Prendi la casa che hai, guarda e riconosci che cos'ha di grandioso e non aspettarti che cambi. Le persone si aspettano che il partner cambi in quello che vogliono loro, piuttosto che in quello in cui realmente potrebbe cambiare e poi si arrabbiano, perché si erano fidate del fatto che quelle persone sarebbero cambiate. Quella non è fiducia.

La fiducia è: "Quella persona non sarà mai diversa da quello che è, a meno che non lo scelga". Puoi fidarti del fatto che se avrai una relazione con un uomo che ha tradito la moglie, probabilmente tradirà anche te. Puoi fidarti del fatto che se una donna ha tradito il suo ex marito e poi si mette con te, probabilmente tradirà anche te. Puoi fidarti del fatto che un leopardo è un leopardo, non un gattino. Parti da questo per decidere se quella è la persona che vuoi nella tua vita.

Anni fa, quando avevo dei coinquilini, le persone che si proponevano per diventare il nuovo inquilino, quando vedevano la casa, che era sempre in ordine, dicevano: "Sono una persona veramente ordinata". Era sempre una bugia. Le persone ti diranno quello che pensano che vorresti sentirti dire. Alcuni mi dicevano che erano soliti condividere il cibo, il che significava che avrebbero mangiato il mio cibo e che gli avrebbe dato fastidio se io avessi mangiato il loro.

Ho avuto un coinquilino che non ha mai detto di essere un tipo pulito e non ha mai detto di essere ordinato o che avrebbe condiviso il cibo. È stato il miglior coinquilino che abbia mai avuto. Era facile conviverci e contribuiva a tutto. Puoi fidarti del fatto che quando qualcuno dice di essere un cosa o un'altra, probabilmente non è così. È sufficiente che tu lo sappia. E onora te stesso non tagliando via la tua consapevolezza e non cercando di trasformare una bugia in verità.

Allowance

L'*allowance* è il terzo elemento per creare un'intimità grandiosa. *Allowance* è considerare che ciò che accade è solo un interessante punto di vista. Quando sei in *allowance*, pensieri, idee, credenze, atteggiamenti ed emozioni arrivano e ti girano intorno, mentre tu rimani te stesso. Non credi che quello che le altre persone dicono possa avere un effetto su di te, è solo il loro punto di vista. Non devi resistere o reagire a quello che gli altri dicono o fanno e non devi concordare o allinearti. Quando lasci che tutto sia così com'è, sei nella consapevolezza, e non devi fare nient'altro. Lasci semplicemente che gli altri abbiano il loro punto di vista, gli lasci fare quello che fanno come vogliono loro. Permetti loro di essere qualunque cosa siano, senza aspettarti niente da loro.

Quando sei in *allowance* con qualcun altro, non critichi. Le critiche sono basate su: "Voglio che tu lo faccia come dico io". In questo modo non sei in *allowance*, in questo modo cerchi l'allineamento e l'accordo, il che porta alla resistenza e alla reazione. Quando non concordi o non ti allinei con il punto di vista del tuo partner, smetti di far sì che l'altra persona sia tutta la tua vita e quando smetti di reagire e di fare resistenza, non litighi più con il tuo partner. Non provare a impedire al tuo partner di essere diverso da te. Vivi e lascia che il tuo partner abbia una vita sua.

Mary e Bill erano un grande esempio. Come ho detto, Mary ha dedicato la sua vita agli studi di metafisica. Bill non era minimamente interessato all'argomento, anzi, pensava anche che quello che faceva

Mary fosse strano. Ma il suo atteggiamento era: "Se questo è quello che vuoi fare, fallo". Non l'ha mai ostacolata, nemmeno quando si allontanava da casa per lunghi periodi per frequentare dei corsi. Non ha mai obiettato sui soldi che spendeva per questo. Non credeva in quello in cui credeva lei, ma voleva che lei vivesse la sua vita.

"Per quanto tempo sei stata in Inghilterra a studiare metafisica?", le chiesi.

"Tre mesi".

"Vi chiamavate sempre?"

"Mai, ci scrivevamo solo delle lettere".

"E quando Bill andava via per lavoro, vi chiamavate?"

"No, mi chiamava la sera prima di tornare a casa per sapere se sarei andata a prenderlo alla stazione o se doveva prendere il taxi".

Cosa?! Quando ero sposato, mia moglie mi chiamava tre volte al giorno quando ero al lavoro. Voleva essere sicura che fossi sotto controllo.

L'unica cosa che Bill aveva chiesto a Mary riguardo ai suoi studi di metafisica era stato di non parlarne con i suoi clienti. Nulla di straordinario, giusto? Per lei andava bene così.

Non credere che le cose di cui parla il tuo partner debbano avere effetto su di te. Sta parlando del suo punto di vista e non di chi è. È la persona che hai sposato, ecco chi è. Sii nell'*allowance*, permetti al tuo partner di essere com'è, di fare ciò che fa e di farlo nel modo in cui lo fa. Permettigli di essere qualunque cosa sia, senza aspettarti niente da lui.

Vulnerabilità

Il quarto elemento per generare un'intimità davvero grandiosa è la vulnerabilità. Vulnerabilità significa essere come una ferita aperta. Non ci sono croste, non ci sono bende, c'è solo una sensibilità totale, il che significa ricevere qualsiasi informazione. Ti è mai capitato di schiacciarti un dito del piede? Hai mai notato che sembra che tutti ci finiscano sopra? Ne sei così consapevole che continui a spingerlo in fuori anche se cerchi di non farlo.

Mary mi diceva: "Devi essere completamente vulnerabile con l'altra persona. Senza barriere. Devi solo essere lì, presente". Tutto è possibile. Ricevi tutto quello che il tuo partner ha da darti e tieni le barriere abbassate.

Se il tuo partner si rivolge a te con rabbia, resta lì e lascia che la sua rabbia ti attraversi. Scoprirai che la rabbia sbollirà in circa tre minuti. Se non alzi le barriere, le persone non avranno niente contro cui andare a sbattere e non dovranno usare la forza per provare di avere ragione.

Se desideri creare una relazione straordinaria, devi osservare quando le tue barriere si alzano automaticamente e imparare a tenerle abbassate. Spingi giù le barriere e qualunque cosa le persone faranno o diranno non sarà né giusta né sbagliata, né buona né cattiva; sarà solo un interessante punto di vista.

Che aspetto ha tutto questo nella vita reale? La mia ex moglie è una persona cresciuta credendo che la rabbia fosse una fonte di potere, per cui ogni volta che si arrabbiava per qualcosa, iniziava a scaricare la sua rabbia su di me. Quando faceva così, io alzavo tutte le mie barriere. Stavo lì con le barriere alzate e lei continuava a scagliarcisi contro finché o le lasciavo cadere o scappavo via.

Dopo aver imparato il significato della vulnerabilità, mi sono detto: "Ok, devo essere vulnerabile a qualunque costo", e ho iniziato a spingere giù le barriere. Se desideri creare una relazione straordinaria, devi osservare quali sono le situazioni in cui alzi automaticamente le barriere e iniziare a spingerle verso il basso. Quando qualcuno è arrabbiato cerca qualcuno con cui prendersela, qualcosa da colpire. Se elimini ciò contro cui può scagliarsi, dirà: "Uh, non importa" e questo creerà una realtà totalmente diversa. Spingi le barriere verso il basso e lascia che l'altra persona esprima qualsiasi cosa, e tieni in considerazione che è soltanto il loro punto di vista in quel momento.

In un lasso di tempo molto breve la rabbia si dissiperà. Quando tenevo le mie barriere abbassate, la mia ex moglie si calmava in pochi minuti. Se avessi tenuto le barriere alzate, sarebbe potuta andare avanti per ore. Sappi che se qualcuno va avanti per ore e ore a scaricare la rabbia su di te, è perché continui a tenere le barriere alzate.

Abbassale, mettile da parte e l'altra persona si calmerà. Non potrà continuare a spingere una forza contro di te se non c'è una superficie contro cui la forza può andare a sbattere e quindi gli tornerà indietro, dandogli l'informazione che sta ottenendo un risultato. Se la forza semplicemente ti attraverserà, allora sarai totalmente vulnerabile.

Finché l'altra persona sarà arrabbiata, continuerà a spingere energia con forza verso di te e non sarà veramente presente. Quando abbassi le barriere, puoi iniziare ad avere un senso di connessione e comunicazione con quella persona. Abbassi le barriere e quando si sarà calmata, potrai realmente essere presente per lei e comunicare veramente. Una vera comunicazione non sarà possibile finché avrai delle barriere.

Tra le situazioni che tendono ad attivare le barriere, la rabbia è una delle più intense e se riesci a restare nella vulnerabilità e a tenere le barriere abbassate di fronte alla rabbia, allora stai andando bene. Ci sono molte altre situazioni e aree nella nostra vita, che vanno dal quelle che saltano agli occhi a quelle più sottili, in cui alziamo le barriere.

In realtà le barriere sono i sistemi di difesa che le persone usano per respingere la vera comunicazione. Alcune persone usano il loro intelletto come barriera, sono quelle che dicono: "Tu non sai tutto quello che so io". Altre usano le loro emozioni come barriera, creano un'enorme sproloquio emozionale fatto di traumi e drammi e dicono: "Tu non mi capisci". Altre ancora usano il non-sesso come barriera. Non-sesso significa: "Stai lontano, non puoi avvicinarti. Non farò sesso con te. Non sono disponibile a ricevere nessuna parte di te".

Devi riconoscere che, quando alzi una di queste barriere, impedisci all'altra persona di essere presente con te. Te ne stai nel tuo piccolo mondo. È un modo per controllare qualsiasi cosa, perché non c'è alcuna soluzione da trovare per la barriera che stai alzando. Il suo unico scopo è creare separazione tra te e l'altro in modo da non avere comunione e non avere intimità.

Benché possa sembrarti non logico al momento, devi solo percepire le barriere e dire: "Stanno scendendo, non le sto alzando". Devi essere disposto a combattere contro le limitazioni dietro cui ti nascondi. Devi essere disposto a combattere per te e per la tua relazione, spingendo le barriere fuori dalla tua esistenza.

Quando le barriere iniziano a salire, devi solo riconoscerlo: "Sto alzando le barriere", e spingere giù quelle maledette barriere. Sii consapevole abbastanza da sapere che sono delle barriere e tienile giù. La verità è che, se sei totalmente vulnerabile, nessuno potrà farti del male.

Gratitudine

L'ultimo elemento per creare un'intimità grandiosa è la gratitudine. Mary mi diceva: "Devi provare gratitudine". Quello che vogliamo non è amore, è gratitudine. La maggior parte di voi lo chiamerebbe amore incondizionato, ma la realtà è che, se hai il punto di vista dell'amore incondizionato, allora avrai anche l'altro lato della medaglia, ovvero il punto di vista dell'amore condizionato, il che significa che dovrai esprimere un giudizio.

Con l'amore incondizionato devi giudicare se ci sia o no qualcosa su cui puoi essere incondizionato. In questo modo ti mantieni ancora nel giudizio, mentre quando c'è la gratitudine non puoi giudicare.

Devi essere grato per quello che l'altra persona è. Devi prenderti cura, amare e nutrire il suo corpo, e l'altra persona te lo restituirà. Ma questo non ha a che fare con la ricompensa, ha a che fare con il dono che ricevi quando hai quel punto di vista.

Devi essere grato per quel corpo che è vicino a te perché è caldo, è da coccolare e da accarezzare, e ha delle parti da stringere a te. Lavorando con le coppie, ho scoperto che molte volte uomini e donne non hanno veramente cura del corpo dell'altro sesso. Non ne restano ammaliati e non pensano che sia meraviglioso. Il corpo del partner è qualcosa da usare per il sesso, piuttosto che qualcosa che considerano bellissimo e che vogliono accarezzare e guardare amorevolmente. Se puoi guardare il corpo dell'altra persona e pensare: "Oh, che bello!", il corpo reagirà e metterà in circolazione più energia sessuale.

Devi iniziare a sviluppare la tua gratitudine. Di che cosa sei grato alla persona con cui stai? Nell'avere gratitudine per l'altro espandi la sua realtà e la tua. Questo ti condurrà alla *sexualness,* che può includere l'amplesso. Finché non avrai gratitudine, l'amplesso non sarà grandioso come vorresti che fosse.

Allowance, Fiducia, Onorare, Vulnerabilità e Gratitudine Per Te Stesso

Poiché, come diceva Mary, per raggiungere l'intimità con il partner devi prima raggiungere l'intimità con te stesso, devi iniziare a sviluppare i cinque elementi per un'intimità grandiosa con te stesso. Fino a quando non potrai essere in *allowance* con te stesso e per te stesso, fidarti di te stesso, onorare te stesso, essere vulnerabile con te stesso e avere gratitudine per te stesso, per chi sei e per qualsiasi cosa crei nella tua vita, non potrai avere nessun altro nella tua vita. Cercherai sempre qualcuno che convalidi la tua *beingness* (esistenza). "Lui mi rende felice." No. C'è solo una persona che può renderti felice e quella persona sei tu.

La relazione, per definizione, è la distanza o la separazione tra due oggetti. Se ho una relazione con te, questo significa che non sono te. La relazione rende impossibile la *oneness* e crea una separazione continua. Le persone iniziano le loro relazioni pensando: "Io sono questo e lui è quest'altro." Dopodiché, iniziano a divorziare da parti e pezzi di loro stesse per adattarsi alla relazione: "Questo non voglio farlo, perché altrimenti non gli piacerò", e iniziano a cambiare se stesse.

Quando una persona si innamora di te, per dieci secondi vede l'essere sorprendente che sei veramente e dice: "Questa è la persona con cui voglio stare".

Poi tu giudichi te stesso e dici: "Questo aspetto di me è negativo, non posso permettere che lo veda." E divorzi da una parte di quello che sei in modo che non si veda.

Molto presto, anche l'altro inizierà a divorziare da parti di se stesso e alla fine sarete così lontani dalle persone che eravate all'inizio, che a quel punto non avrete più niente in comune e in men che non si dica vi ritroverete a essere due estranei che vivono insieme.

La realtà è che in quei dieci secondi l'altra persona ha visto tutto di te: il bello, il brutto e il cattivo, senza alcun giudizio. Se permetti a te stesso di essere tutto quello che sei, sempre, senza divorziare da te stesso, allora potrai avere una relazione veramente straordinaria.

Se farai pratica dei cinque elementi per creare un'intimità grandiosa, non divorzierai da te stesso, non impedirai a te stesso di essere quello che sei nella relazione. Da quanto di te stesso hai divorziato nella tua ultima relazione? La maggior parte delle persone dice di aver divorziato dal 150.000 per cento di se stesso, difficilmente qualcuno dice meno del 90 per cento. Per creare una relazione, divorzi dal 90 per cento di te stesso? Dove sei *tu* nella relazione? E con chi sei in relazione? E a proposito, in quale momento sei andato via dalla relazione?

Stavo lavorando con una signora che piagnucolando diceva: "Mio marito mi ha lasciata e sono devastata. La mia vita fa schifo, va tutto male".

Le dissi: "Davvero? Quando sei andata via dalla relazione? Tre mesi prima di sposarti o tre mesi dopo?"

Iniziò a ridere e disse: "Tre mesi prima! Sapevo già che non avrebbe funzionato, sapevo già che non sarebbe stata una bella relazione."

E allora le chiesi: "E quanto tempo sei stata con lui?"

"Dieci anni", rispose.

"Ottima idea! E perché non l'hai fatta finita con quella relazione pur sapendo che non avrebbe funzionato?"

"Perché," rispose, "avevamo già stampato le partecipazioni, ingaggiato qualcuno per il catering e pagato per la sala."

"E per quale motivo non avresti buttato via 1000 dollari per non passare dieci anni nel dolore e nella sofferenza? Mi dispiace, ma penso che tu sia stata un po' folle in quella situazione."

Vedo le persone fare questo in continuazione. Quanti di voi divorziano da se stessi per creare una relazione? Se devi divorziare da delle parti di te, allora lascia perdere! Se il tuo partner non può lasciare che tu sia chi sei esattamente, e se non puoi fare quello che hai bisogno di fare e che va bene per te, lascia perdere questa relazione, perché non vuoi davvero stare con lui e in effetti non sei insieme a lui. E il tuo partner non è insieme a te. Continua per la tua strada. Ci sono miliardi di pesci nel mare. Solo perché ne hai preso all'amo uno, non significa che devi mangiarlo, in tutti i sensi.

Se avere una relazione con qualcuno espande la tua esistenza, allora vivila. Se invece diventa una contrazione della tua vita, allora è come se stessi morendo. Non è un buon affare. La comunione di sicuro non è questo. La vera comunione permette a entrambi di espandersi e non dovrai mai rinunciare a parti di te per l'altra persona, perché sarà totalmente grata esattamente per quello che sei, non ti chiederà mai di cambiare per stare con lui o con lei.

Con i cinque elementi per creare una intimità grandiosa potrai eliminare la *relazione*, la separazione tra te e l'altro, e creare uno stato di *comunione* che è uno stato di costante espansione.

UOMINI, VOLETE SEDURRE UNA DONNA?

Vuoi sedurre una donna? Bene: invitala a casa tua, preparale una splendida cena a lume di candela, con piatti di porcellana e bicchieri di cristallo, metti della buona musica e per tutta la sera falle domande che riguardino solo lei; non parlare mai di te. Alla fine della serata chiedile: "Vuoi che ti porti a casa o vuoi passare la notte con me?"

Lei ti dirà: "Sei l'uomo più interessante cha abbia mai incontrato, mi piacerebbe molto passare la notte con te".

Vuoi che una donna provi interesse per te? Ascoltala! Falle molte domande sulla sua giornata, su cosa ha fatto e su come si sente; chiedile che cosa la farebbe stare bene, che cosa le piacerebbe.

E mentre lo fai, tira una massiccia quantità di energia da lei, perché si senta attratta da te. Se inizi a tirare massicce quantità di energia attraverso ogni poro della tua pelle e del tuo Essere, lei ti guarderà e penserà: "Che uomo attraente!"

E soprattutto stai lì ad ascoltarla! La sedurrai all'istante. Ascolta senza alcun giudizio e ci andrai a letto tutte le volte che vorrai, te lo garantisco. Ma devi tirare grosse quantità di energia, ecco cosa fare.

Quello che spesso succede è che, quando inizi a eccitarti, fai fluire energia verso la donna. Questo non funziona perché penserà: "Che schifoso!", ma se tiri energia da lei, il suo pensiero sarà: "Oh, quest'uomo è meraviglioso! È così attraente! Non riesco a tenere le mani a posto".

Ti è mai capitato di avere una di quelle giornate in cui ti senti veramente bene, sei orgoglioso della tua mercanzia, cammini a testa alta e sei vestito bene e tutti ti guardano, si fermano per strada e ti sorridono? Non è perché indossi un bel vestito o perché quel giorno ti senti bene. No, è che stai tirando energia. Stai tirando energia da tutto l'universo e stai permettendo che entri dentro di te. In quel momento, sei totalmente disponibile a ricevere e tutti vogliono entrare nel tuo spazio.

Vuoi vedere Madonna al massimo della sua carica erotica? Guarda il film *Dick Tracy*, dove non muove un muscolo. L'unica cosa su cui Madonna ha lavorato è tirare energia, al punto tale che potrebbe aspirare le cromature di una Buick del '58 a 500 metri di distanza. Letteralmente ti risucchia. Questa è la differenza tra chi ha una buona opinione di sé e tira energia e chi non lo fa.

È solo una questione di pratica, ma sei tu a dover essere abbastanza consapevole da sapere che questo è ciò che serve per raggiungere quello che stai cercando. Devi essere attraente, e l'unica maniera per far sì che le persone ti considerino attraente è tirare energia da loro. Chiedi semplicemente di tirare energia. Fai pratica andando da Starbucks e tirando energia da tutte le persone che sono lì dentro fino a quando si volteranno e ti guarderanno. Attenzione, devi essere disposto a essere visto così come sei!

Puoi fare sesso se non sei disposto a ricevere? No, non puoi. Puoi farlo solo se sei disposto a ricevere. Spingendo energia verso qualcuno, lo allontani. Ecco perché tutte le donne che non ti interessano vengono da te. Il modo più facile per far sì che qualcuno a cui non interessi si interessi a te è tirare energia come un pazzo e comportarti come se quella persona non ti interessasse.

Le donne fanno proprio questo con gli uomini ed ecco perché gli uomini perdono la testa per le donne. La donna che gli uomini trovano attraente, è quella che tira energia da loro.

Quello che fanno gli uomini è spingere energia verso la donna perché pensano: "Sta tirando energia quindi vorrà che io spinga energia verso di lei" e quando fai questo, qualunque donna al mondo penserà: "Bleah, odio quest'uomo". Quando fai fluire massicce quantità d'energia, questo è il risultato che crei, e farai del sesso che non sarà un donare-e-ricevere, ma sarà la forza e la brutalità della pornografia, e alla maggior parte delle donne la pornografia non piace.

Se riconosci che le donne che trovi attraenti, stanno tirando energia, questo potrà servirti da punto di riferimento per capire che cosa vuol dire, e potrai fare anche tu la stessa cosa.

DOV'È L'ENERGIA? TROVALA PRIMA DI FARE L'AMORE

La *sexualness* arriva dal tuo Essere. Non riguarda il corpo, riguarda ciò che sei e quello che hai dentro. L'amplesso, invece, ha a che fare con il corpo. Se vuoi goderti un amplesso strepitoso allora devi accendere il corpo della donna perché le cose funzionino. Prima di fare l'amore, devi trovare l'energia. Dov'è? Che cos'è che crea l'energia sessuale?

Una delle parti più sensibili del corpo delle persone sono i piedi. Se vuoi iniziare a fare sesso, un modo fantastico per farlo è massaggiare i piedi della tua partner. Questo la farà rilassare e la farà entrare in comunicazione con il suo corpo. Inizia tra l'alluce e il secondo e il terzo dito e massaggia in profondità ma delicatamente, sopra e sotto i piedi contemporaneamente, poi spostati gradualmente verso i punti di pressione dietro i talloni. Questo farà in modo che il suo corpo inizi ad accendersi.

Ora chiedile di sdraiarsi a pancia in giù e inizia a toccarle la pianta dei piedi usando solo la parte posteriore delle dita e vai su lungo le gambe, e poi ancora più su lungo il corpo e accarezzala tanto delicatamente da sfiorarla appena. Inizia a soffiare tra le sue gambe, su, fino alla parte superiore delle natiche e poi su per il corpo e massaggiale un po' la testa.

Non farlo partendo dal punto di vista: "Ok, adesso scopiamo". Così uccidi l'energia. Fallo partendo da questo punto di vista: "Che cosa vuole il suo corpo?" Massaggia ovunque il suo corpo ti dica di farlo. Mentre la tocchi in diversi punti, chiedi al suo corpo: "Dove ti piacerebbe essere toccato? In che modo ti piacerebbe essere toccato?" In questo modo stai donando al corpo. La maggior parte delle persone, quando fa sesso, esce dal proprio corpo, va via e lo lascia lì. Ma se tocchi una donna in questo modo molto leggero e delicato, la inviti a essere presente nel suo corpo, piuttosto che a uscire dal corpo e lasciarlo lì. Farai accendere il suo corpo chiedendogli dove vuole essere toccato e in che modo vuole ricevere. Il risultato finale sarà molto più dinamico di qualunque altra cosa tu abbia mai sperimentato prima.

Mentre la accarezzi, senti gli odori delle varie parti, perché le caviglie, i polpacci, le cosce e l'inguine hanno odori diversi. Anche le natiche hanno il loro profumo. Ogni parte del corpo ha un profumo diverso. E non parlo del profumo che può aver messo, parlo del profumo del suo corpo, quello che chiamiamo feromoni. In questo modo sei sensuale e questo inizierà ad accendere anche te.

Se usi tutte le sensazioni del corpo come un modo per accendere te stesso, accenderai anche lei e mentre il tuo corpo inizierà a diventare duro, mentre inizierà a eccitarsi, il corpo di lei si accenderà ancora di più grazie all'energia sessuale del tuo. Questo inizia a preparare l'intero processo.

Falla girare di nuovo e chiedi al corpo dove desidera essere toccato ed esercita lo stesso tocco leggero. Ignora gli organi genitali quanto più possibile. Lo so che è difficile, ma devi farlo. Quanto più li ignori, tanto più lei diventerà calda e tanto più sarà disponibile a fare qualsiasi cosa tu desideri.

Le ascelle sono punti di seduzione, così come i lobi, l'interno dell'orecchio, la zona dietro le orecchie e il collo; devi solo toccarli. Non baciarli e non farne quella cosa monotona e ordinaria che è proprio quello che lei si aspetta da te. In quel modo lei sa di avere il controllo. Quando fai quello che ti sto suggerendo, il suo corpo perderà il controllo e inizierà a esigere che lei faccia sesso.

Quando arriva al punto in cui può a stento stare ferma e vuole che la tocchi, allora inizia ad accarezzare delicatamente l'inguine, appena

appena, toccando i peli pubici. Non infilare dentro le dita, accarezzala delicatamente e quando lei inizia a gemere, mugolare e contorcersi, allora puoi iniziare a massaggiare quella zona, sempre con delicatezza.

Non avere fretta. Devi arrivare al punto in cui la tua energia sessuale sarà così forte che anche il suo corpo si ecciterà sessualmente e allora ci sarà comunione e coesione di due corpi che funzionano insieme. Ed è questo ciò che cerchi. I corpi iniziano a funzionare insieme e iniziano a facilitarsi in un'esperienza orgasmica. Questo non ha niente a che fare con la forza, riguarda l'infinita intensità e delicatezza dell'energia. Devi avere più intensità e meno forza e, meno forza usi, più l'esperienza è intensa ed espansiva.

Dovrai essere capace di riconoscere il momento in cui la tua partner inizia a essere assente. Puoi chiederle gentilmente: "Dove sei andata?" Devi far sì che resti presente perché, se lei sarà presente, godrà del sesso e godrà di te. Alla fine, arriverai al punto in cui farai sesso con una donna e sentirai tutto quello che sente il suo corpo e tutto quello che sente il tuo. Sperimenterai tutto quello che il tuo corpo farà per il suo e tutto quello che il suo corpo farà per il tuo. Questa è comunione totale. Una totale consapevolezza di due corpi che condividono la connessione e la comunione; l'intensità dell'infinitezza.

Come ben sai, il clitoride è la parte più sensibile del corpo delle donne, allora fai in modo che la tua lingua diventi leggera come le ali di una farfalla e usala sul clitoride fino a quando questo inizierà a sollevarsi verso di te. A quel punto, succhialo un po', usa la tua lingua con più energia e poi metti le dita nella vagina. Chiedi al suo corpo di mostrarti dove si trova il punto più sensibile e accarezzalo delicatamente. Solo quando lei sta per raggiungere l'orgasmo, quando sta ansimando intensamente, fermati e inizia a leccare lentamente su e giù, e fallo così lentamente che lei inizierà a vibrare. Contemporaneamente, muovi le dita dentro la vagina. Dovresti riuscire a farla arrivare ad avere da sette a quindici orgasmi completi in un'ora e mezza.

Quando non c'è la fa proprio più ed esige che la penetri, non farlo ancora. Aspetta fino a quando il suo desiderio sarà diventato così intenso da sembrarle insostenibile. Farete sesso come non l'avevate mai fatto prima. Prendi tra le dita i peli pubici e tirali appena un po'. Se riesci a toccarle i capezzoli, pizzicandoli delicatamente in modo che diventino duri, questo farà sì che tutto il corpo sia coinvolto nel processo, non solo i genitali.

Fai tutto questo seguendo l'energia. Devi seguire l'energia perché devi invitare il suo corpo all'orgasmo. Non si tratta di forzare l'orgasmo. La maggior parte delle persone, quando è vicina all'orgasmo, cerca di forzarlo, aumentando il ritmo e il lo sfregamento. Devi avere più energia e meno pressione. Meno pressione, più invito.

Dopo un po' che avete iniziato a fare sesso, il pene diventerà molto duro. Tienilo dentro di lei e muovilo appena. Aumenta l'intensità dell'energia con quei movimenti quasi inesistenti, fino al punto in cui lei inizierà a venire con forza su di te, mentre il tuo pene è dentro di lei.

E se ti va, e va anche a lei, tiralo fuori e fate sesso anale. E tutti i giudizi che riguardano il sesso anale, li possiamo distruggere e screare, per favore?

Se mentre fai sesso fai in modo che le sensazioni che provi siano infinite e trascini la persona con cui lo stai facendo in quella infinitezza, il sesso diventa davvero straordinario.

L'Organo Più Esteso del Corpo È la Pelle

I nostri corpi sono veramente degli incredibili organi sessuali. Amano provare sensazioni ed essere toccati. Usa tutto il corpo per fare sesso, non usare solo il pene. L'organo più esteso del corpo è la pelle. Iniziando a sentire tutte le sensazioni che ti dà, cominci a sviluppare la tua capacità di essere totalmente sensibile in ogni centimetro della pelle.

Quando ti masturbi, tocchi tutto il corpo o solo il pene? Inizia a coinvolgere tutto il corpo quando lo fai, e fai in modo che la masturbazione sia qualcosa d'intenso, non attraverso la velocità, ma con la lentezza. In questo modo inizierai a sviluppare nel corpo la sensazione di essere accarezzato e invitato all'orgasmo, piuttosto che spinto a raggiungerlo e svilupperai la capacità di avere la lentezza e l'intensità di quell'energia orgasmica che è disponibile per te.

Se hai dei peli sul corpo, li usi come qualcosa di carezzevole? Muovi il tuo corpo come un serpente sul corpo della tua partner o tendi a fare solo "bam-bam-bam, grazie signora"? Quanto più potrai muoverti insieme al suo corpo, tanto più potrai sentire le diverse parti e tutta la ricchezza del suo corpo. E lo stesso accadrà a lei.

Chiedi al suo corpo che cosa gli piacerebbe. E quando glielo donerai, il suo corpo proverà a donarti la stessa cosa, perché sarà grato al tuo. I corpi amano gli altri corpi e si prendono cura gli uni degli altri, se glielo permetti.

DONNE, AVETE CONTROLLO TOTALE

Una delle cose che mi piacerebbe che tu riconoscessi, è che le donne hanno il controllo totale su tutto ciò che accade nel sesso. Se non riconosci questo, e se non lo hai ancora reclamato e fatto tuo, è meglio che inizi a osservarlo, poiché alle donne basta chiedere perché gli uomini vengano.

Gli uomini possono affannarsi quanto vogliono, ma non potranno avere una donna a meno che non sia lei a sceglierlo. Ci hai mai fatto caso? Smettila di fingere di essere debole, insignificante e incapace di ottenere quello che vuoi, perché voi donne ottenete sempre quello che volete, quando lo desiderate.

Un uomo può provare a corteggiarti, ma sarai sempre tu a scegliere se starci o no. E quando si tratta di sesso, un uomo sceglie sempre di fare sesso; una donna sceglie *se* fare sesso oppure no.

TI PIACEREBBE DONARE AL TUO UOMO UN ORGASMO COMPLETO?

Fallo sdraiare sul letto a pancia in giù e inizia a massaggiargli i piedi. Devi creare una connessione tra lui e il suo corpo. Considera che la maggior parte delle persone non è presente mentre fa sesso. Devi fare in modo che lui sia così presente che a un certo punto inizierà a gridare per il piacere dell'orgasmo.

Digli di non muoversi e di non toccarti. Lui non dovrà fare altro che ricevere, mentre tu gli donerai qualcosa che lui non ha mai provato prima. Inizia a massaggiargli i piedi, in particolare nel punto tra l'alluce e il secondo dito e poi sali fino all'arco plantare. Questo comincerà a tirarlo nel suo corpo e a farlo connettere. Inizierà anche ad aprire tutti quei canali che permettono all'energia di salire lungo tutto il corpo.

Poi, mentre è ancora a pancia in giù, usando le unghie, inizia ad accarezzare il suo corpo in modo molto leggero, nel modo più delicato possibile, tanto che i peli del corpo si rizzeranno e raggiungeranno la tua mano.

Mentre fai questo, annusa le sue caviglie, il retro delle ginocchia… perché ognuna di quelle parti ha un odore diverso. Ognuna di quelle fragranze è un feromone progettato per accendere il tuo corpo, quindi inizia ad accendere il tuo corpo, così come stai facendo con il suo, in questo modo sarete entrambi più presenti. Vai più su con le mani e massaggia delicatamente le sue natiche. Se senti che ti piace, passa la lingua in mezzo alle natiche. Sali fino alla parte bassa della schiena, baciandola delicatamente. Vai ancora più su, sempre molto delicatamente, fino alle spalle e poi lungo le braccia. Solleticagli lievemente il palmo delle mani. Poi fai scorrere le tue mani fino al collo e tra i capelli, per farlo connettere con tutto il suo corpo.

Chiedigli se gli piacerebbe girarsi. Se si gira e ha il pene in erezione digli: "Ok, adesso stai fermo. Non fare niente. Non toccare. Non puoi toccare. Devi solo ricevere".

Inizia di nuovo dai piedi. Accarezza delicatamente i suoi piedi, poi i polpacci e le cosce. Muovi delicatamente le tue dita sul suo pene e sui testicoli. Accarezzalo così delicatamente da sfiorarlo appena. Continua a salire su per il corpo, accarezzando tutta la parte frontale, il viso, le orecchie e la parte alta della testa.

Poi, sempre con quel tocco leggero, muoviti lentamente dalla parte alta della testa al suo pene. Anche se in quel momento il pene non è duro, anche se è ancora molle, mettilo fra le labbra, mettilo in bocca e accarezzalo con estrema delicatezza, come se fosse la cosa più delicata e meravigliosa che tu abbia mai incontrato in vita tua.

Appena inizia a irrigidirsi, rendi il tuo tocco leggero, sempre più leggero, ancora più leggero. Metti le tue labbra sul suo pene e fai camminare la tua lingua sul pene in modo molto leggero e delicato. Accarezzalo continuamente su e giù, come se la lingua fosse un serpente che passa sopra la punta del pene. Poi posa le labbra alla base del pene, più in basso che puoi, e inizia a tirare e a succhiare un po', utilizzando l'interno dei tuoi denti superiori, con delicatezza, ancora più delicatamente, sempre nella parte bassa del pene, creando così un po' di sfregamento. Altrimenti, se puoi, fallo in modo ancora più semplice, con l'interno della bocca o delle gengive. Chiedi al suo corpo cosa desidera.

Se ti va, puoi prendere lo scroto e succhiarlo oppure succhiare i suoi testicoli. Fai in modo che il suo corpo ti dica cosa fare. Qui l'idea è di donare-e-ricevere. Gli stai facendo un dono e facendolo stai simultaneamente ricevendo.

Prima di iniziare, assicurati di avere vicino a te un lubrificante anale, qualcosa che lubrifichi molto. Metti del lubrificante sul dito medio o su due dita. La maggior parte degli uomini non ha mai fatto giocare le donne con il proprio ano, per cui sarà un po' chiuso e probabilmente non sopporterà due dita all'inizio. Metti molto lubrificante sul dito medio e inizia a massaggiare intorno all'ano. Metti il dito dentro e inizia a strofinare. La prostata è verso la parte frontale del corpo. Inizia a massaggiare quell'area. Non si tratta tanto di entrare e uscire, quanto di toccare quell'area. Se riesci a usare due dita, muovile avanti e indietro, come quando cerchi di fare il solletico a qualcuno, sempre continuando a fare sesso orale. Molte volte gli uomini che non hanno mai ricevuto la stimolazione anale tendono a perdere l'erezione, ma non importa. Continua a stringere il pene in bocca, cercando di essere il più gentile possibile, e mentre lo fai, tira energia.

Devi fare in modo che sia totalmente presente. Se senti che non è presente, metti la mano sul suo petto e spingi l'energia verso quel punto, così inizierà a tirare energia nel suo corpo e in questo modo potrà essere presente. Continua ad andare avanti, sempre il più delicatamente possibile. Appena la sfregherai, la prostata inizierà a indurirsi e, appena prima dell'eiaculazione, diventerà come due piccoli testicoli duri come pietre. Quando arriva a quel punto, continua a strofinare, succhiandogli il pene più lentamente, fino a che finalmente esploderà.

Quando arriva l'esplosione, fai vibrare le tue dita sulla prostata. Metti una mano sul suo petto e fai vibrare l'energia in tutto il suo corpo. Dopo aver fatto qualche volta questa esperienza, circa il settanta per cento degli uomini ha un orgasmo completo. L'uomo inizierà a vibrare e andrà così fuori di testa che non riuscirai più a liberarti di lui.

La cosa più importante è farlo in modo molto delicato e lento. Non si tratta di un forte sfregamento. La maggior parte degli uomini si masturba usando pressione e velocità. Non è questo. Quello che devi fare, è invitare il suo corpo all'orgasmo. Usa meno pressione per generare una maggiore intensità d'energia. Si tratta dell'energia che crei, non della quantità di pressione che usi.

Quando gli avrai donato un orgasmo sessuale completo sarà tuo per sempre. Prima di farlo, assicurati che sia proprio lui l'uomo che vuoi possedere.

MOLTI UOMINI NON SONO IN GRADO DI RICEVERE

Per la maggior parte degli uomini il sesso non ha a che fare con il ricevere, per loro si è sempre trattato di dare o di fare. Quando doni un orgasmo completo a un uomo, è imperativo che tu riconosca che stai donando a quest'uomo qualcosa che non ha mai ricevuto prima. Di fatto, è probabile che non abbia mai ricevuto in tutta la sua vita sessuale. Devi creare una comunione con lui e il suo corpo, e fargli un dono permettendogli di ricevere.

La maggior parte delle donne, invece, non ha mai imparato come si fa a donare; per loro il sesso ha a che fare con il fatto che devono ricevere e basta, secondo un punto di vista per cui le donne sono "la presa", mentre gli uomini sono "lo spinotto". Mi dispiace, ma non sei una presa elettrica, né maschio né femmina, quindi falla finita con questo punto di vista.

Devi arrenderti all'idea del donare-e-ricevere e alla loro simultaneità. Può essere davvero così, se sei disponibile a essere totalmente presente e se lo è anche il tuo partner.

È importante che le donne sappiano che gli uomini non ricevono mai e perciò non sanno come si fa. Non gli è mai stato insegnato. Normalmente il punto di vista dell'uomo è: "Sono pronto ad averti", il che non è ricevere. Se ci pensi, c'è solo una ragione per cui molti uomini pensano di eccitare le donne con la forza, lo sfregamento e la brutalità ed è perché guardano film porno. Quello è l'unico caso in cui vedono degli uomini mentre fanno sesso e sicuramente nei film porno non c'è niente che riguardi il ricevere o il donare.

Agli uomini non viene insegnato a essere sensuali. Ci si aspetta che una donna sia sensuale, ma la maggior parte delle volte neanche le donne sanno come si fa. La verità è che spesso una donna non sa ricevere meglio di quanto lo faccia un uomo, ma pensa che sia così. Di tutte le donne che Dain ed io abbiamo conosciuto, sono pochissime quelle che potrebbero veramente ricevere sessualmente. Per noi è molto triste che molte persone non sappiano come godere dei loro corpi e sperimentare la grandiosità e le possibilità che possono verificarsi quando sono in grado di essere veramente presenti senza bisogno di divorziare da loro stessi per fare sesso.

Come sarebbe se potessi avere degli amplessi grandiosi, una comunione incredibile e le infinite possibilità di una relazione totale espansiva e gioiosa? Come sarebbe se avessi delle relazioni che hanno a che fare con la vita invece di relazioni in cui rimani impantanato? Come sarebbe se avessi una relazione che espande la tua vita invece di una relazione che la uccide o la contrae? Come sarebbe se creassi la tua vita invece di sopravvivere e vivere partendo da ciò che sei obbligato a fare? Questo è quello che ci auguriamo che tu possa raggiungere. La consapevolezza è l'inizio.

E ricorda: "Con la pratica si raggiunge la perfezione!"

CPSIA information can be obtained
at www.ICGtesting.com
Printed in the USA
LVHW040547010222
709870LV00014B/1388